La France et le Monde

(Deuxième série)

L'Heure du Japon

PAR

HUGUES LE ROUX

PACIFIQUE

JAPON — CHINE

LIBRAIRIE PLON

LA FRANCE ET LE MONDE

★★

L'HEURE DU JAPON

(PACIFIQUE — JAPON — CHINE)

Ce volume a été déposé au ministère de l'intérieur en 1918.

DU MÊME AUTEUR

LA FRANCE ET LE MONDE

★

ANGLETERRE — ÉTATS-UNIS

Un volume in-16.

AU CHAMP D'HONNEUR

Un volume in-16.

PARIS. TYP. PLON-NOURRIT ET Cie, 8, RUE GARANCIÈRE. — 22930.

LA FRANCE ET LE MONDE

★★

L'Heure du Japon

(PACIFIQUE — JAPON — CHINE)

PAR

HUGUES LE ROUX

PARIS

LIBRAIRIE PLON

PLON-NOURRIT ET Cie, IMPRIMEURS-ÉDITEURS

8, RUE GARANCIÈRE — 6^e

1918

A

MONSIEUR DELCASSÉ

QUI,

DANS DES HEURES DIFFICILES,

A RAPPROCHÉ

LA FRANCE ET L'ANGLETERRE

AFFECTUEUX HOMMAGE D'UN VOYAGEUR

QU'IL A MIS DANS LE CHEMIN

HUGUES LE ROUX

A

MONSIEUR DELCASSÉ

QUI,

DANS DES HEURES DIFFICILES,

A RAPPROCHÉ

LA FRANCE ET L'ANGLETERRE

AFFECTUEUX HOMMAGE D'UN VOYAGEUR

QU'IL A MIS DANS LE CHEMIN

HUGUES LE ROUX

L'HEURE DU JAPON

CHAPITRE PREMIER

DANS LE PACIFIQUE

9 septembre 1915.
Latitude 23° 50′ N. Longitude 153° 45′ O.

Il y a aujourd'hui six jours que nous sommes entrés dans cette grande Mer Pacifique qui ne sépare plus ni les hommes, ni les mondes, et dont les diplomates disent, avec un pli de souci au travers du front :

— ... La Méditerranée de demain.

Vraiment, sous ce ciel de septembre, la ressemblance entre notre mer latine et cet océan démesuré se précise, d'une heure à l'autre : mêmes douceurs safranées à la pointe de l'aurore, mêmes splendeurs bleues tout le long du jour, mêmes apothéoses délicates dans les couchers du soleil. Seulement, depuis que nous nous sommes éloignés de la côte californienne, le cercle d'horizon où nous avançons avec lenteur est sans navires. Aucune fumée de paquebot ne trace sa petite ligne de fusain sur la marge du ciel ; aucune blancheur de voile ne ressuscite la frémissante audace des navigations d'autrefois.

Le steamer japonais qui nous emporte est dit le *Shinyo Maru*, c'est à savoir *le Printemps de la Mer*. Comme ces Asiatiques se complaisent dans la grâce des symboles, un grand panneau, tendu dans la cage du principal escalier, illustre cette dénomination. Cela représente un pommier qui, blanches et roses, trempe ses floraisons dans l'eau bleue.

Jusqu'à la dernière minute nous avons cru prendre passage à bord d'un des steamers dont la ligne américaine, la « Pacific Mail », rayait, hier encore, la carte marine. Une semaine avant le départ, une note, insérée dans les journaux, nous a avertis, sans plus de cérémonie, que la Compagnie retirait tous ses paquebots du Pacifique et les faisait passer dans l'Atlantique. Cette brusque résolution est une riposte à une mesure que le parti démocrate s'est laissé arracher par sa clientèle politique.

L'Inscription Maritime n'existe pas aux États-Unis. Cela rend le recrutement des équipages de flotte assez difficile, celui des navires marchands impossible. On tournait la difficulté en embarquant, sur les paquebots de la « Pacific Mail » et des compagnies congénères, des équipages de toutes les couleurs, notamment des matelots jaunes. Les électeurs américains se sont plaints à Washington d'une concurrence qui fait baisser les prix du travail. Une loi, imprudemment bâclée, a mis les Compagnies américaines dans l'impossibilité de soutenir la concurrence que leur font les Compagnies de Navigation japonaises. Comme elles n'espéraient pas faire aboutir leurs plaintes auprès du législateur, elles ont déclaré qu'elles cesseraient d'exploiter la ligne du Pacifique. On croyait que c'était forfanterie, on a été stupéfait de voir mettre ces menaces à exécution. Je dis « stupéfait », car, avec le retrait de ces paquebots de la « Mail », le steamer américain disparaît complètement du Pacifique. Il va falloir confier la poste, à qui? Aux Compagnies japonaises qui, désormais, contrôlent seules le trafic de l'Ouest.

Le *Shinyo Maru* avait déjà ses listes de passagers closes quand ce bruit fâcheux s'est répandu. J'ai usé d'un subterfuge. Je me suis adressé à M. Rockefeller lui-même qui, comme chacun sait, est aux États-Unis une puissance à laquelle on ne résiste point. Ce demi-dieu a daigné étendre son bras, au loin, sur la mer. A l'aide du « sans fil », il a demandé au Commandant du *Shinyo Maru* qui faisait route vers San-Francisco de réserver pour un ami, dont il voulait assurer le départ, la cabine d'un des officiers du bord. Il va de soi que quand on est qualifié d' « ami » de M. Rockefeller on ne doit pas marchander le prix des faveurs exceptionnelles qui, du coup, vous sont accordées. On me l'a bien fait voir.

Les salons, les ponts sont envahis. On dort partout dans des conditions de fortune. Si un typhon, quelque folle violence de tempête couchait notre paquebot sur le flanc, un quart des passagers, tout au juste, trouverait place dans les embarcations.

Personne n'y songe. Nul périscope ne viendra, nous le savons, percer ce plancher bleu, nulle torpille ne poussera vers notre coque sa pointe de mort.

Les éléments et leur fureur sont devenus moins redoutables à l'homme que la perversité de l'homme.

CHAPITRE II

PAR LE « SANS FIL »

En dehors de deux diplomates fort distingués, et dont la conversation m'intéresse à des titres divers, le Ministre des États-Unis à Pékin, le Ministre d'Espagne à Tokio, la plus considérable des personnalités japonaises que le *Shinyo Maru* ramène au pays du « Soleil Levant » est l'honorable M. S. Asano, le président de la Compagnie de paquebots la « Tokio Kisen Kaisha » dont le steamer qui nous porte est l'orgueil. On m'a donné des lettres pour ce Japonais considérable et pour son fils, un élève distingué de l'Université américaine de Harvard, que je retrouverai à Yokohama.

C'est un bon procédé, pour tâter le pouls à un peuple, que d'étudier la monographie d'hommes en qui une race, un temps, une heure d'histoire se reflètent. J'applique cette méthode, que Taine préconisa, au président actuel de la « Tokio Kisen Kaisha ».

Le hasard me met en présence d'un personnage très représentatif de son pays et de sa génération, un fils de cette révolution de palais qui a ôté la force à une aristocratie par laquelle le Mikado était annihilé, afin d'inaugurer une ère de progrès et de chances démocratiques.

M. Asano est venu de la campagne à la ville comme artisan. Aujourd'hui, il contrôle dans son pays l'exploitation et l'industrie du ciment. D'autre part, le commerce du charbon l'a conduit à l'organisation de ces lignes de paquebots qui, momentanément, commandent le Pacifique.

En cours de route, nous lui voyons acheter d'autres steamers par le « sans fil ».

Son nom retentit d'une rive à l'autre de l'Océan comme une victoire japonaise. Il invite tous les passagers du *Shinyo Maru* à venir, après le débarquement, prendre le thé dans la demeure magnifique qu'il s'est bâtie aux portes de la capitale. Cependant, à bord du paquebot, cet homme d'affaires si moderne, si pratique, voyage en compagnie de deux personnes qui le suivent dans ses déplacements à l'étranger : son prêtre et son astrologue.

Son prêtre est une sorte d'ascète qui ressemble à un ivoire ancien. Il demeure étendu, des journées entières, immobile, dans des poses de méditation. Son astrologue (le mot de « devin » serait plus exact) est un jeune homme à face large, très hirsute. Pour trois dollars il dit aux dames anglaises les lignes de la main. Devançant les renseignements du baromètre il annonce que nous ne rencontrerons pas de typhons. Jusqu'ici il ne s'est pas trompé et je remarque qu'auprès de notre équipage jaune, son crédit égale assurément les affirmations du « sans fil ».

Ce « sans fil » là est, comme le reste, au service de M. Asano. Il ne nous apprend que les nouvelles qui ont passé par sa censure.

Le bulletin d'hier résonnait de fierté. Il disait :

« La retraite de la « Pacific Mail » offre à la « T. K. K. » une chance magnifique de développement. Conformément à la décision de M. Asano, son président, et afin de conquérir tout le trafic, elle va immédiatement augmenter sa flotte de six navires. Ils seront mis en service aussitôt qu'on les aura requis. »

Le soir de ce même jour, nous avons aperçu sur notre droite, au ras de la mer, une longue rangée de lumières.

Notre Commandant, qui est Anglais, me dit :

— C'est le *Sibéria*, de la « Pacific Mail ». Il retourne à San-Francisco pour la dernière fois. Il va passer dans l'Atlantique et ce sera fini.

Ce marin a des larmes dans les yeux. Nous échangeons avec le *Sibéria* des fusées. Un télégramme nous vient de lui par l'antenne de notre mât. Dedans il y a le mot « adieu ». Et ce que nous sentons à le lire, ce n'est pas seulement la mélancolie que le poète a peinte dans les vers célèbres où il parle « de navires qui se sont croisés dans la nuit ». C'est la pensée que ces lumières, une fois éteintes derrière nous, le Grand Océan sera vide de navires portant, d'un continent à l'autre, l'activité de l'homme blanc ; — c'est la vision de ce canal de Panama que notre génie français voulut créer pour des œuvres de paix et qui, d'abord, sert à faire passer les outils du travail sur le versant de la guerre européenne ; — cependant que, sur la mer Pacifique, toute la place reste libre pour les développements d'une « Tokio Kisen Kaisha » qui, en élargissant, dans sa face jaune, son indéchiffrable sourire, nous annonce : « Afin de prendre en main tous les transports... *(In order to handle all of the traffic)...* »

Le « sans fil » nous devait une revanche. Nous l'avons eue ce matin, à déjeuner. Il faut être perdu dans cette immensité de la mer, sans nouvelles de ce qui vous passionne, pour comprendre l'émotion que, nous autres Français, nous avons éprouvée à lire ces lignes :

« Honolulu, 5 septembre.

« Dans une lettre qu'un officier autrichien écrit du front à un ami, il est dit que la retraite des

Russes est un chef-d'œuvre d'art militaire très digne de la manœuvre qui arrêta Napoléon. »

Où sommes-nous, je vous prie? Et qu'est-ce que les hommes ont fait des vieux obstacles que leur opposaient autrefois le temps et l'espace? Un officier autrichien, qui se bat en Europe, écrit à un ami polynésien pour lui donner des nouvelles du front germano-russe. Comme il a prononcé le nom de Napoléon, Honolulu en jette l'écho dans le ciel. Et nous le recueillons, nous, au cœur du Pacifique par la mâture d'un steamer japonais. On imprime la dépêche en anglais. On nous la sert sur notre couvert, à table, avec le menu du jour, rédigé en français !

Oui, le globe qui nous roule est petit, petit, mais sa destinée spirituelle est infinie.

CHAPITRE III

L'ILE FLEURIE

J'ai dit la magie des aurores et la beauté des couchers du soleil sur cette Mer Pacifique qui nous berce de ses longues houles. Mais entre ces gloires du matin et ses embrasements du soir, les journées s'écoulent lentes. Il y a fatigue du vide ; fatigue de cet horizon circulaire que nous traînons avec nous ; fatigue de l'agitation sans but de ces lames qui nous combattent ou qui nous poussent. Dans le cerveau engourdi, la pensée oscille comme un liquide lourd. Le passager s'habitue aux grondements de l'hélice, au déferlement ininterrompu du flot le long des flancs du navire, à la complexité des balancements. Au fond de ses moelles, il nourrit le désir du ferme sol terrien qui soutiendra ses pas.

La nuit qui monte apporte aux hommes, las du travail, un premier feu chéri : et c'est l'Étoile du Berger. De même, le grand vide du Pacifique offre aux navigateurs une terre première et bénie : et c'est la perle de l'archipel Hawaï, Honolulu, l'Ile Fleurie.

Il y a longtemps que sur la carte nous épions cette petite place fixe. Au milieu des routes de paquebots, des remous de courants, figurés par des lignes circulaires, cette île semble un moyeu de roue. Ce matin, elle nous est apparue.

De la rade, on ne devine pas d'abord les joies qu'elle prépare. Le décor montagnard qu'elle plante sur la mer est pittoresque, mais banal. On a déjà vu ailleurs ce promontoire qui évoque la silhouette d'un lion couché. On prévoyait ces dentelures de petites baies, ces profils de cratères. Au pied de la muraille de roc, les verdures, la ville elle-même se tassent, insignifiantes.

On se dit :

— Ce sera donc une déception : la nudité du rocher après la monotonie de l'Océan.

Débarquons seulement, et, oubliant pour un jour tout ce qui nous oppresse, laissons la joie de vivre refleurir dans nos cœurs.

Les sirènes qui charmèrent l'ingénieux Ulysse modulent ici un hymne de lumière. Irrésistiblement, par les yeux, ce chant de clarté entre dans la pensée et dans le cœur. Il y a une chanson du bleu, des bleus : notre Méditerranée la fredonne. Ici, cette musique éclate avec toutes les ressources d'une symphonie. Azur, turquoise, outremer, bleu céruléen, lignes bleues, rompues de bleu par d'autres taches bleues, par des touches de courants d'un bleu sombre, par des reflets bleus, sur le miroir volcanique du roc, de cette mer et de ce ciel bleus.

Après la visite presque quotidienne de courtes averses, ces murailles de laves se fleurissent de violets et de lilas, cependant qu'un arc-en-ciel démesuré lie la mer, la terre et la voûte bleue.

Entre la belle image de la rade et la poésie des jardins, la ville moderne s'interpose. Elle est active et prospère. En quinze années, les États-Unis l'ont bâtie à la place où les « hula-hula », les sveltes ballerines de la reine Liliuokalam dansaient, demi-nues, sous les guirlandes de fleurs.

Aujourd'hui, sur les quais, le long des merveilleuses avenues, les timbres des tramways électriques résonnent sans arrêt. Des rues de San-Francisco ont été transportées par l'air, avec leurs « buildings, » leurs hôtels, leurs boutiques cosmopolites. Il y a une façon de Capitole pour le Gouverneur, un drainage excellent, une Université, du trafic, un bureau de poste monumental où trois continents, l'Amérique, l'Asie, l'Océanie, versent, les uns par-dessus les autres, les écroulements de leurs sacs de lettres. Il y a pour les automobiles innombrables des boulevards, polis comme des glaces et qui s'arrêtent court dans le sable. Il y a un port où je compte huit steamers et un croiseur allemands prisonniers sur parole. Il y a, là-haut sur la montagne, un poste de télégraphie sans fil. Nous avons causé avec lui. Il jetterait l'alarme sur la mer si ces navires germaniques commettaient l'imprudence de se parjurer.

Je hèle un vieux cocher, un fils d'Irlandais, qui est né dans la ville. Au lent roulement de son « américaine », il va nous conduire à travers la Cité des Jardins.

Pour nous autres, habitants des terres tempérées, une fleur, c'est une joie de saison, — une joie courte, entre une longue attente et de longs regrets. Ici, la fleur est le don perpétuel d'un printemps de douze mois. Elle n'apparaît prisonnière, ni de la plate-bande, ni de la corbeille : c'est l'arbre qui la porte. Il crée des fleurs comme chez nous il fait des feuilles. Dans ce concert, il laisse aux pelouses le soin d'apporter l'accompagnement de la verdure. Il veut que son feuillage même soit rutilant, que les porches, les haies de clôture, mêlent tous les éclats du rouge, du bleu et de l'or, que les violets du Bougainville et les pourpres du Ponciana servent de toile de fond au feu d'artifice des hibiscus.

Dans cette folie de fleurs, entre les éventails des palmiers et les cocotiers, de longues petites maisons sans étages sourient. Ce sont les « bungalows ». Un essaim de serviteurs malais, chinois, japonais, philippins, en sortent. Des enfants et des oiseaux en débordent.

Je demande à mon cocher :

— Qui habite ces nids de fleurs?

— Des mécaniciens, des employés...

J'ai la vision des cités ouvrières de chez nous, de maisons tristes, dans des faubourgs, de toutes ces pauvretés que l'étroitesse de la vie ajoute à la médiocrité du décor.

Ici, personne ne voudrait faire une tache dans l'éclat radieux des choses. Une discipline universellement obéie répond à cette beauté universellement répandue. Nous venons de passer devant la villa de la Reine : les jardins de ces humbles égalent les jardins royaux en éclat, en luxuriance, en raffinement d'entretien.

Je demande encore :

— Et les habitants de ces « bungalows », d'où viennent-ils?

— De partout... Et personne n'y prend garde. Ici, il n'y a pas de querelle. La guerre, on la laisse où elle est !... Nous formons une grande famille.

Voilà ce qu'il me dit, le vieux cocher irlandais qui, à tout détour d'avenue, descend de son siège pour nous cueillir dans les haies des fleurs nouvelles. Et je sens qu'il a raison : les hommes ne peuvent vivre ainsi, les yeux ravis, sans que beaucoup de nuit sorte de leurs âmes.

On m'a dit à San-Francisco :

— Les fleurs d'Honolulu vont vous charmer.

Mais soulevez aussi le manteau de la mer. Donnez un coup d'œil à ce qui vit dans le jardin des algues. Allez voir l'aquarium.

J'en sors, et ce ne sont pas seulement mes yeux qui clignent : mon cerveau est comme ébloui.

Déjà, dans les marais inexplorés qui séparent le Nil Bleu de ses affluents, j'ai ressenti du vertige devant la découverte de fleurs inconnues et merveilleuses. Je me suis dit :

« Pour qui donc cette beauté que nul regard ne contemple? »

Combien l'homme — et surtout l'homme contemporain — a de peine à comprendre qu'il n'est pas le but unique de la création ! Comme les orchidées du marais africain, ces indescriptibles poissons de la mer haouaïenne, s'épanouissent pour les fins personnelles de leur guerre et de leurs amours, dans des formes, dans des couleurs qui nous laissent déconcertés ! Toutes les fantaisies, toutes les folies, tous les paradoxes, toutes les palettes se jouent ici dans une variété si infinie de dessins, de colorations et de reflets, qu'on dirait les enfantements de la Mer, un jour d'ivresse où elle a confondu le songe et le cauchemar.

Voici des poissons bleus qui ont des plumes, des poissons rouges qui font flotter des jabots de dentelles blanches ; des poissons-oiseaux, des poissons-fleurs, des poissons qui ont des profils d'homme, un nez détaché de la bouche, des yeux qui remuent, cherchent et fixent.

On a la sensation d'une magnificence, d'une débauche sans nom, d'un coup d'œil jeté dans une autre création où, à l'écart de nous, la nature se divertit aux ricochets infinis de la monstruosité et de la beauté.

Au-dessus de l'Ile Fleurie sommeille un volcan éteint. Nous voulons le gravir : « Celui qui n'est pas monté sur la montagne, dit un proverbe d'Orient, ne connaît pas la beauté de l'étendue. » Par une piste taillée dans la lave, esquissée dans le sable, ce sommet est aujourd'hui accessible. Je relève sur la route la silhouette des batteries américaines qui commandent la rade. Les quartiers des officiers et des soldats s'échelonnent au-dessus. Et, justement, un de ces soldats yankees rampe dans la brousse. Ce n'est pas une manœuvre : il est seul. Et pourtant, avec quelles précautions il se dissimule ! On sent que son fusil est chargé.

— Monsieur, me dit mon guide haouaïen, ce soldat traque une mangouste. On a introduit les mangoustes dans l'île pour qu'elles tuent les rats. Mais maintenant, les mangoustes ont fait alliance avec les rats, et, de compagnie, ils travaillent à détruire nos couvées de poulets.

Le soldat rampe toujours, le doigt sur la détente de son winchester, mais sa manœuvre guerrière ne nous attriste plus. Nous faisons comme les gens d'Honolulu : nous recommençons de sourire.

Un dernier détour brusque aux flancs du cône de lave, et, à présent, au-dessus de la ville, au-dessus de l'île, au-dessus de la rade, au-dessus du Pacifique, ce sont les émotions du sommet.

Non, non, au cours des enchantements de cette journée, nous ne vous avons pas oubliés une minute, chers Soldats de la tranchée de chez nous. Toute cette grâce de vie, toute cette joie, on les recueille pour vous les tendre en hommage et pour vous dire avec un sourire d'espoir :

— Le monde est beau.

Non, non, devant ce soleil qui, déjà, descend sur le Pacifique et va porter sa clarté de l'autre côté de la Terre, nous ne vous oublions pas, chers Morts du Champ d'Honneur. Vous savez pourquoi nos yeux pleins de larmes sourient ici à la paix dans la lumière.

CHAPITRE IV

UNE JOURNÉE QUI TOMBE A LA MER

Hier soir, mardi 14 septembre, comme nous nous levions de table, le Commandant du *Shinyo Maru* nous a dit :

— Préparez-vous demain à arracher, d'un coup, deux feuillets de votre éphéméride : le mardi 14 et le mercredi 15. Nous sautons le mercredi 15... Nous passons directement au jeudi 16.

Et, comme quelques-uns d'entre nous ouvrent les yeux, le Commandant ajoute :

— Vous avez lu le *Tour du monde en 80 jours?* Le héros du livre gagne le pari qu'il croyait perdu parce qu'en arrivant à Londres il s'aperçoit que l'éphéméride marque, non pas le jeudi, comme il le croyait, mais le mercredi. Il avait tourné autour de la terre dans le sens opposé au nôtre. Ceux qui n'ont pas présente à l'esprit l'explication de Jules Verne trouveront chez le commissaire du bord une petite feuille de papier rose. Elle leur apprendra ce qu'ils ignorent. Qu'ils le sachent seulement : c'est une médiocre aventure de perdre, comme nous le faisons aujourd'hui, un simple mercredi sur la route. Depuis une vingtaine d'années, plusieurs fois par an, je franchis, dans les deux sens, ce 180e degré de longitude. J'ai subi, de ce fait, une foule de mésaventures, qui, aujourd'hui, vous sont épargnées. J'ai célébré Noël deux jours de suite. J'ai traversé deux vendredis 13. J'ai transporté un excellent missionnaire qui avait préparé pour le dimanche un sermon suivi d'une petite quête. Il a vu la semaine sauter du samedi au lundi.

En échange de la journée perdue, le Pacifique nous dote aujourd'hui d'un incomparable beau temps. Je monte donc sur le second pont où on a installé une façon de palmarium et je me plonge dans la lecture des journaux que nous avons récoltés à Honolulu, notamment, le *Pacific Commercial Advertiser* et l'*Honolulu Star Bulletin*. Il ne s'agit pas de chiffons de papier, mais de quotidiens à huit pages et tout bourrés d'annonces.

Je savoure une page délicieuse de sentiment et de vie. Elle a pour titre : « Scènes de la moisson française. » Il est question de ce qui, à cette heure-ci, se passe de l'autre côté de la terre, dans nos campagnes. L'auteur de l'article nomme les parages de Fontainebleau et de Barbizon. Il a vu des vieux hommes, des femmes, des enfants qui, devant la terre, s'efforcent de remplacer les pères, les frères, les fils, les maris absents. On dépeint les soldats que le ministère de la Guerre prête aux fermiers dans l'embarras. On montre ces braves réservistes, la fourche en main « pareils aux soldats de la Révolution ».

« Ma femme, dit un paysan, nomme ses compagnons de travail les « oiseaux bleus ». Ce n'est pas seulement à cause de la couleur de leur capote, mais en raison de la bonne chance qu'ils nous apportent. »

Ces tableaux-là causent une émotion très douce quand on les lit aux antipodes. Avant-hier j'éprouvais quelques scrupules à peindre les délices de l'Ile Enchantée où, pendant quelques heures, j'ai promené mes pas. Et, sans doute, de telles images infligeraient aux nôtres qui peinent une épreuve inutile si elles devaient leur être présentées pour exciter leur envie. Mais, en y réfléchissant, on s'en convainc : la félicité dont jouissent les habitants de cette terre polynésienne a d'autres causes que la chance qu'ils ont de vivre ainsi à l'écart des devoirs sévères. Une morale de sagesse se dégage de leur existence innocente ; ces prédestinés collaborent tout de même à leur bonheur et la leçon vaut qu'on la retienne.

N'est-ce pas, chers Amis de la Tranchée et du Devoir, qu'à certaines minutes, au delà de l'effort présent, au delà des rideaux de feu et de fumée, vous l'apercevez ce Monde de Demain que vous pétrissez dans la géhenne des sublimes sacrifices? Il sera fraternel, doré d'un rayon de paix, il donnera à chacun sa chance. Après la convulsion où vous avez été submergés, il portera à son faîte des enfants plus heureux que vous, une combinaison de vie où la justice aura de meilleures occasions. Écoutez donc avec affection ces nouvelles que je vous envoie du pays où le printemps a douze mois, où les feuilles des arbres sont des fleurs.

Avec un sourire au coin des lèvres, je viens de chercher dans ces journaux d'Honolulu la page que nous appellerons, si vous le permettez, la « Chronique mondaine ». Je m'attendais à lire que Madame Une Telle a donné un thé, ou un bal, que Mesdames Telles et Telles arboraient de bien belles robes et de bien grosses perles. Cette rubrique-là, je ne la découvre pas.

Les gens importants d'Honolulu, ceux dont les faits et gestes comptent, ce ne sont ni des mondains, ni des gens d'argent, ni des personnes de loisir : ce sont des maîtres et des maîtresses d'école, de collèges, d'universités, des éducatrices et des éducateurs. On nous parle d'une jeune femme qui revient des États-Unis. On est allé la recevoir avec des guirlandes de fleurs parce qu'elle possède « le cœur des enfants qu'elle instruit ». Il est question d'un professeur de mathématiques « qui sait se faire entendre ». On célèbre une ancienne amie de l'île, parce qu'elle a rendu aux petites Polynésiennes ce service signalé : elle leur a enseigné à conduire une aiguille.

Les hommes et les femmes venus de partout qu'un heureux destin a embarqués sur cette île privilégiée croient qu'il faut aider toute âme à fleurir et à produire son fruit. On ne trouve point trace ici de la « question des races ». On veut même ignorer les différences de sexe. Filles et garçons, de toutes couleurs, fréquentent en commun les petites écoles. Des examens publics les guettent à la sortie. Ce n'est pas seulement l'argent de leurs parents mais leurs mérites personnels qui, après cette épreuve, les font passer de l'école au collège, du collège à l'université.

Les journaux que je lis décrivent dans le dernier détail les méthodes de correction que l'on applique aux devoirs des jeunes filles et des jeunes gens qui aspirent à passer d'un degré dans l'autre. Il n'y a pas de surprise possible, pas de récrimination acceptable. En ce pays où chaque plante a sa chance, selon les vigueurs de sa racine, tout se passe au grand jour.

Voilà l'horizon bleu, le printemps de vie dont vous rêvez aux rares minutes où le songe vous est permis, chers Amis de la Tranchée et du Bivouac. Patience. Cette aurore monte derrière le nuage de sang.

L'autre jour, on m'a conduit sur un des points les plus élevés de cette île de sagesse. De là je pouvais découvrir les rizières, les champs d'ananas, les récompenses que la paix, la terre et le soleil préparent pour les travailleurs.

Sur le flanc de ce balcon de rocher une inscription était gravée dans une langue et dans des caractères à moi inconnus.

On m'a dit :

— Ceci est la commémoration d'une bataille que les habitants de cette île ont gagnée sur un roi de l'île voisine. Il voulait les asservir à cause de la fécondité de leur terre, de la saveur de leurs fruits, de la beauté de leurs femmes. On l'a rejeté dans la mer.

J'ai souri en songeant combien cette île est petite et dans la certitude qu'un tel péril est à jamais aboli pour elle.

La terre, elle aussi, est petite.

Un jour viendra, chers Soldats de la France, où au-dessus des espérances de vie, vos mains victorieuses graveront l'inscription qui fera rire les générations futures aux dépens de la folie et de la défaite du Roi Sauvage.

CHAPITRE V

NÉCESSITÉ ET ORGUEIL

Océan Pacifique, 19 septembre.

Hier soir, on a dansé sur le pont jusqu'à minuit. Nos marins japonais se sont merveilleusement déguisés pour nous donner la comédie. Le thème était une mauvaise farce que deux Japonais veulent jouer à une dupe — naturellement un Chinois. Il s'agit de vendre à cet honnête homme un phonographe aphone. Un des compères se cache sous la table, sur laquelle le phonographe est placé. Il chante dans son nez — et comment ! — tous les airs que le client chinois manifeste le désir d'entendre. La vente va se produire, quand la femme du fripon entre en scène. Elle relève le tapis qui cache son mari pour lui faire une scène de jalousie. Le Chinois voit le piège et, comme toute représentation du Guignol universel, la farce se termine par une abondante distribution de taloches.

Ce matin, dimanche 19 septembre, le calme est délicieux et tout le monde vit sur le pont. Je profite de cette badauderie pour étaler sur une petite table une carte excellente que j'ai acquise à San-Francisco. Je la commente tout haut, à l'exemple de ces camelots parisiens qui s'installent sur le boulevard à la faveur d'une rue barrée.

Au bout d'un instant je suis entouré par des gens de toutes langues et de toutes couleurs, les uns éloquents, les autres silencieux, également passionnés.

Je ne m'occupe pas de savoir si les géologues traiteraient mon hypothèse de billevesée. Le fait est qu'elle a pour elle les apparences et qu'elle me concilie d'emblée l'approbation de mon auditoire jaune. Je constate que si l'on jette les yeux sur une carte marine, le Japon n'apparaît pas comme la manifestation d'accidents volcaniques par lesquels un chapelet d'îlots aurait jailli de la mer — tel un ouvrage avancé — afin de défendre le formidable continent asiatique contre la morsure de l'Océan.

On a l'impression extérieure que de la pointe du Kamtshaska à Hong-Kong, ce bandeau d'îles qui s'appellent les Kourils, Sakhalien, Ezo, Nippon, Shikoku, Kyishu, Mikado, Formose même, ne sont que les témoins, demeurés au-dessus de la mer, d'un grand écroulement qui, aux dépens de l'ancien profil de l'Asie, a creusé les mers d'Okhotsk, le golfe de Tartary, la mer du Japon, le golfe de Petchili, la mer Jaune et la mer Orientale.

Ces apparences éclairent d'un rayon de vie cette mystérieuse carte du Pacifique qui, à l'heure actuelle, accuse tous les contre-coups de notre grande guerre.

Quand on sait que ces îlots japonais ne peuvent pas nourrir la population toujours croissante qui germe à leur surface, on ne discute plus l'inéluctable nécessité qui a jeté ces vaillants dans des navires. Ils ont franchi les espaces marins, aujourd'hui effondrés, où la vague tient la place des champs de riz. Ils sont allés au plus près, en Corée, à Formose, chercher des terres fécondes qui nourrissent leurs familles et portent leurs maisons.

Cette première partie de mon exposé provoque de chaudes approbations. Des Japonais qui, il y a un instant, ne comprenaient pas un mot d'anglais, me fournissent des commentaires à l'appui de ma thèse. Mais je n'ai pas développé cette carte pour leur faire la cour et je continue de formuler en toute liberté les conclusions de mes réflexions.

Nous le savons tous, la victoire développe chez les vainqueurs le redoutable péché d'orgueil. Non seulement les Japonais ne se croient point inférieurs aux hommes de race blanche, mais ils ont une tendance secrète à s'estimer leurs supérieurs. Une religion, qui chez eux n'a pas d'athées, les fait descendre en masse d'une race de dieux. L'heureuse façon dont ils ont utilisé notre outillage, particulièrement nos instruments de guerre, fortifie en eux cette opinion préconçue. C'est hier, que dans un choc historique, ils en ont mieux usé que leur adversaire blanc.

Les Japonais ne limitent donc pas au peuplement et à l'exploitation de la Corée et de Formose, l'ambition qui leur est venue avec le succès. Ils ne convoitent pas seulement les trésors de la Chine. Ils tournent carrément le dos à l'Asie et regardent du côté du Pacifique. Par-dessus la mer, ils aperçoivent le littoral des États-Unis, ces belles terres californiennes que le capital américain met en valeur, et où, cependant, tant de place demeure offerte à l'agriculteur, au colon, à l'homme de main-d'œuvre.

Ils se sont dit :

— Les États-Unis ont fermé ce paradis des bonnes chances à l'immigration chinoise. Nous, Japonais, nous comprenons leur répugnance. Mais ils ne peuvent étendre cette prohibition aux égaux que nous sommes ! Ils vont nous accueillir avec faveur. Nous sommes, au premier chef, des recrues désirables.

L'étonnement et la souffrance d'amour-propre ont été graves, lorsque la Californie a répondu comme on sait, à ces intentions de colonisation pacifique :

— Déjà, a-t-elle déclaré, nous avons à résoudre une question Peau-Rouge et une question Peau-Noire. Nous ne voulons pas poser le problème de la question Peau-Jaune. Nous sommes venus du fond de l'Europe coloniser ces terres vides. Nous y avons trouvé les chances d'un profit honorable, des salaires loyaux qui confèrent à chaque homme la dignité de la vie. Nous écartons la concurrence d'étrangers faméliques, inassimilables, qui viendraient déséquilibrer chez nous les rapports du travail et du capital.

De là colère, — et quelles colères !

Je viens de lire deux livres, publiés hier, qui sont, l'un, une adresse envoyée à l'Amérique par tous les Japonais de haute culture, l'autre, une réponse fournie à ces distingués interlocuteurs par des Américains en renom. Les thèmes contradictoires de ces recueils tiennent en deux lignes :

— Faudra-t-il donc que nous recourions à la guerre?

Bien entendu, chacune des deux parties condamne une extrémité si fâcheuse, mais personne ne cède un pouce de sa position de principe.

Toutefois, les Japonais apportent au débat une déclaration qu'il faut retenir :

— Ne prenez pas ombrage, disent-ils, du fait que nous avons débarqué des troupes en Chine et mis la main sur le territoire allemand de Kiao-Tchéou. Nous avons agi dans l'occasion comme des amis loyaux de nos amis. Nous nous sommes substitués à l'Allemagne dans les droits et dans les prérogatives que la Chine lui avait accordés. Quand viendra l'heure des règlements de comptes, nous nous assoirons autour du tapis vert, aux côtés de ceux qui auront pris part à la lutte. A ce moment-là on verra ce qu'il convient de faire de Kiao-Tchéou. Nous ne serons inspirés que par la justice.

Je me retourne vers mes approbateurs de tout à l'heure et je leur demande :

— Est-ce bien cela?

Brusquement, ils ont cessé de comprendre l'anglais, le français, voire l'espagnol, les seules langues par lesquelles je peux tenter de les joindre.

Il me faudra donc attendre notre arrivée en pays nippon pour obtenir quelques éclaircissements aux questions que je pose.

Nous y débarquerons après-demain.

CHAPITRE VI

L'AME DES NIPPONS

Yokohama, septembre 1915.

Je remercie le destin qui, avant de me permettre d'aborder la côte japonaise, vient de m'accorder cette faveur : seize jours de retraite dans ce monde clos qu'est un paquebot au large, à l'ombre du pavillon japonais, en compagnie de Japonais, gens de marque, matelots, petit peuple.

Ces Nippons sont si différents des Yankees et de nous-mêmes qu'un peu d'isolement en face de leur pensée, de réflexion devant leur histoire, de contact avec leurs livres, de causerie avec ceux d'entre eux qui ont pris la peine de s'instruire dans nos langues européennes, sont un minimum d'initiation indispensable à qui visite leurs terres pour la première fois.

Lafcadio Hearn qui a consacré quatorze ans de sa vie à l'enseignement dans les écoles nipponnes, qui a pris femme dans sa patrie d'adoption, qui a fini par revêtir la nationalité japonaise, conclut dans un livre où il a rédigé le testament de sa précieuse expérience :

« Je ne comprends pas les Japonais. »

Une telle déclaration donne certes toute sa valeur d'intuition, de poésie, de parfum, de grâce, de mystère, d'art et de vérité aux pages de notre Loti. Elle doit rendre circonspects ceux qui, à une minute aussi trouble de l'histoire du monde, essaient de distinguer ce que les Japonais pensent et décideront. Et pourtant il faut essayer de comprendre.

Au mois de février dernier, quand nous sommes montés à Londres (1), les drapeaux japonais figuraient à tous les balcons, mêlés aux couleurs de l'Entente. Les taxis eux-mêmes en décoraient leurs glaces. Comment ces alliés d'Extrême-Orient entendent-ils, dans le secret de leurs cœurs, les obligations de cet engagement? Quels liens de réalité unissent les paroles satisfaisantes que prononcent ici les hommes d'État et les décisions qui traduisent ces discours en actes? Est-il vrai que l'on ait fait montre d'injustice quand on a considéré l'expédition japonaise de Kiao-Tchéou comme une pure entreprise d'intérêt bien entendu? Est-il vrai encore qu'il n'ait tenu qu'à nous, les Alliés, qu'une collaboration d'armées japonaises vînt, en

(1) Voir : *La France et le Monde* (Angleterre, États-Unis), par Hugues LE ROUX (Plon-Nourrit et Cie).

un point choisi du champ de bataille européen, appuyer nos efforts? Quels sont, au vrai, à cette date de l'automne 1915, au début de la deuxième année de la guerre, les sentiments du Japon à l'endroit des deux groupements de Puissances européennes en conflit?

Je me renseignerai là-dessus auprès des Japonais de toutes classes, auprès des Européens, qui, depuis des années, les coudoient dans les phases de leur évolution, et aussi à la clarté des lois perpétuelles de l'Histoire.

Je sens déjà fortement que je m'étais trompé, avec beaucoup d'autres Européens, sur la profondeur de ce changement à vue, qui, dans le dernier quart du dix-neuvième siècle, a fait du peuple le plus épris de sa tradition, une nation et un État en apparence habillé à la mode de notre civilisation occidentale.

Sous ce vernis, qui n'a point la solidité des laques d'autrefois, le Japonais d'aujourd'hui demeure bien plus qu'il ne le dit et que peut-être il ne le croit lui-même, le fils de ses pères. Il continue de se développer, presque sans modifications, dans le sens de ses défauts et de ses vertus ataviques. C'est de cette tradition qu'il prend conseil afin d'orienter son action. Pour le meilleur et pour le pire, il est resté aussi différent de nous qu'à l'époque, encore récente, où il vivait dans un isolement sans fissure.

Cette évidence frappe avec une clarté particulièrement vive quand on sort d'un assez long contact avec les États-Unis. Là, des hommes, venus de tous les pays d'Europe, — voire d'Asie, — entrent en débarquant dans le moule d'une tradition déjà solide. Elle les façonne vraiment. Elle repétrit leurs cerveaux et leurs cœurs. Ils deviennent des Américains.

Les Japonais ont reçu du dehors une culture, une science, une industrie, un vêtement, toutes les pièces d'une armure fabriquée à d'autres tailles. Ils y sont entrés avec leur énigmatique sourire, puisque c'est seulement au prix de cette concession que l'on peut soutenir aujourd'hui les chances de la lutte pour la vie. Mais tout cet appareil est pesant à leurs membres délicats. Ils s'en débarrassent dès qu'ils le peuvent, de la même façon qu'ils accrochent leurs redingotes après la rentrée du bureau, pour souper à la japonaise, les jambes repliées sous soi, sur une natte.

Le soir de mon débarquement à Yokohama, je suis monté sur la hauteur sacrée qui porte les temples pour entrer en contact avec l'âme de la ville.

A la fin du jour, avec ses toits tout gris, ses fumées de steamers, ses verdures sombres aux flancs de la colline, Yokohama m'a fait songer bien moins à une cité d'Extrême-Orient, pour la première fois entrevue, qu'à tel port anonyme de notre chère Bretagne. Tout près de moi, devant un autel très pareil aux nôtres, trois prêtres bouddhistes psalmodiaient la prière du soir. Un peu plus haut, s'élevait la chapelle shinto où ce peuple s'agenouille devant le souvenir des ancêtres défunts. A droite et à gauche se dressaient les monuments dédiés aux mânes des soldats japonais qui moururent dans les dernières grandes guerres.

La nuit montait de la rade. Elle sortait des arbres où chantaient les cigales. Elle obligeait les habitants de la colline sainte à allumer des lanternes, afin d'éclairer les mouvements de la vie du soir, toutes ces attitudes de la coutume qui sont la grâce et le mystère de ce peuple.

Oui, en plein jour, dans leurs redingotes, dans leurs uniformes à l'européenne, derrière leurs lunettes d'or, ils m'apparaissent très différents de moi, ces Japonais de la guerre, de la politique et du commerce. Mais comme je les sens frères de mon âme, en cet endroit de recueillement, devant les morts, à cette minute où nous descendons ensemble dans les ténèbres, dans cette incertitude de tout où la foi et l'espérance éclairent de leurs feux intermittents la séculaire veillée que l'homme de tous les temps et de tous les pays prolonge, assis dans l'ombre, tourné vers le souvenir de ceux qui ne sont plus.

CHAPITRE VII

LES DEUX JAPONS QUE L'ON COUDOIE

« Le climat du Japon », dit M. Basile Chamberlain, professeur émérite à l'Université de Tokio, « réserve d'amers désappointements aux visiteurs mal renseignés. Il est beaucoup plus humide que celui de l'Angleterre. D'autre part, il connaît des jours d'une lumineuse clarté, dont l'Angleterre n'a pas d'idée. »

La Providence aime à mettre le remède à côté du mal. Elle a prévu que cette humidité serait pour les habitants du Japon une cause de rhumatismes fâcheux. Elle a donc multiplié en ce pays des sources thermales qui sont Fontaines de Jouvence. Les diplomates européens que guettent les fatigues des fêtes du Couronnement ne l'ignorent pas. Ils profitent de ces dernières belles journées d'automne pour s'éparpiller dans les stations d'eaux de la montagne. Allons les chercher où ils sont.

Au plus près. Sur le conseil de toutes les compétences, je décide de me rendre à Miyanoshita, où je trouverai des eaux brûlantes. De là, par le lac poétique d'Hakone et par la montagne, j'irai rejoindre Atami, où jaillit un bienfaisant geyser. Cette plage d'Atami est la Riviera du Japon.

L'occasion est excellente pour faire bonne connaissance avec la campagne japonaise. Elle a les proportions délicates et menues de tout ce qui, en ce pays, est production naturelle ou artificielle. C'est-à-dire qu'en miniature elle est un grand potager. Les arbres qui encadrent ces bandes verdoyantes n'ont rien de l'agreste vigueur de chez nous. Tous les ans, on leur fait une toilette qui les éclaircit et les rabougrit. Les haies sont conduites comme dans un jardin à la française. Les chaumines des campagnards apparaissent presque aussi rapprochées que les habitations de chez nous dans une banlieue de grande ville. Les rues des bourgs sont bordées d'échoppes pittoresques. Pas de demeures d'oisifs. L'impression est d'une fourmilière. Le travail a les mouvements réglés, presque mécaniques de l'instinct. Sur le seuil des maisonnettes, le long des chemins, le peuple bariolé des enfants est presque aussi dense que les touffes de riz qui étoffent ces petits champs, si ordonnés, si géométriques.

Au-dessus de ces jardinets très verts, se déploie une zone de végétation quasi tropicale. Elle sépare ici ce Japon des Basses-Terres du Japon des Hauts. La hache a dû s'attaquer vigoureusement aux bambous pour percer les coulées par lesquelles on se hisse à flanc de mont. Brusquement, cet assaut s'arrête et voici le désert des sommets.

Désert d'hommes, désert d'animaux. Point de moutons ni de chèvres, pas de cloches promenées par des vaches hardies ; pas même d'oiseaux. Une courte brousse qui, avec ses feuilles luisantes, ses tiges cannelées, semble un bambou nain, couvre uniformément toutes ces croupes de montagnes japonaises. Elle descend au fond des vallées. Ces petites feuilles tournent et s'affolent sous les rafales de la pluie. Au soleil, elles répandent des ombres légères. Elles masquent d'une apparence de verdoiement l'aridité terrible.

Cependant cette solitude est peuplée de morts et de dieux.

Dans un pli de terrain, voici trois tombes de pierre, toutes veloutées de mousse. Elles se dressent comme d'énormes cryptogames. Il y a plus de sept cents ans qu'elles sont là, debout, dans la solitude. Elles rappellent au passant qu'en 1193, les deux frères Juro et Guro ont tué ici le meurtrier de leur père. Ils ont succombé l'un dans l'attaque, l'autre dans les supplices. La maîtresse de l'un d'eux, la jeune Tora, a mérité d'être associée à cette gloire funéraire. Tous trois, en effet, ils ont accompli cet acte méritoire entre tous les mouvements de la piété : ils ont vengé leur mort.

A côté de cette survivance du vieux culte de Shinto qui, dans chaque maison nipponne, entretient l'autel des disparus, voici la religion importée de Chine, le Bouddhisme, dont les formes de dévotion et d'art se développent, sans l'étouffer, au travers des dévotions ataviques du Japonais. Dans ces montagnes vides, chaque pas de notre ascension est marqué par l'échelonnement de ces images sacrées. De ce chemin des sommets elles font, on ne sait quelle route vers le ciel. Je ne parle pas seulement des trente-cinq Bosatsu, groupés sur une pierre d'adésite, ni de la colossale figure, taillée en plein roc, par un ermite célèbre, de Jizo, patron des voyageurs. Je songe à toutes ces figures, à peine plus hautes que la brousse même, qui surgissent au détour de la piste, — à tous ces saints de pierre, devant lesquels, dans un vase en bambou, trempe une branche fraîche, apportée par quelque pèlerin ou renouvelée par un passant pieux.

On m'avait promis, sur les eaux du lac d'Hakone, la réverbération de ce mont Fusiyama qui, dans la bonne moitié des peintures japonaises, profile sa silhouette conique de volcan couronné de neige. On m'avait dit :

— Vous atteindrez un petit col dont le nom signifie « la Passe des Six Provinces ». Ouvrez les yeux à ce moment-là. Six royaumes vont s'étendre à vos pieds.

Hélas ! une terrible pluie d'équinoxe nous enveloppe dès le début de cette montée, une pluie qui fait un torrent avec chacun des sentiers qu'il nous faut gravir. Entre le ciel implacablement gris et la petite brousse luisante, fouettée par la pluie, pendant des heures et des heures, je n'ai d'autre spectacle que l'effort de mes compagnons de route, les huit porteurs de nos deux chaises, et leur compagnon, le vieil homme qui les suit, avec nos bagages, en équilibre sur son épaule, suspendus aux deux extrémités d'un bambou.

Ils sont, ces petits Japonais, les proches parents de cette brousse naine et de ces dieux de pierre ; les frères aussi de ceux qui, à l'étonnement de l'Europe, ont vaincu et sont morts sur la terre d'Asie. Leurs mouvements rythmés et rituels, leur chant d'effort viennent des lointains aïeux. Rien, ni dans leurs costumes, ni dans leurs manières, n'indique que depuis tantôt un demi-siècle, le Japon a ouvert ses portes sur un monde nouveau. Dans les montées presque perpendiculaires, dans les descentes que la boue fait plus impraticables encore, ils glissent, s'affaissent, sous le poids de nos chaises. Ils tombent dans des attitudes de douleur. Cependant, pas une plainte, pas un juron ne sort de leurs lèvres. Sept heures durant, ils luttent contre la pluie. Leur bonne humeur, leur gaieté même croissent, semble-t-il, avec les fatigues et avec les difficultés du chemin. Au milieu du jour, ils se sont refaits avec un peu de riz. Ils ont bu une tasse de thé. La sueur de leurs dos n'arrivait plus à faire évaporer la pluie. Pourtant, lorsque après tant d'efforts, après de suprêmes glissades, à la nuit pleine, nous arrivons enfin en vue d'Atami, ils nous demandent la permission de déposer un instant nos chaises. Ils entrent dans l'écume d'un torrent. Dans ces ténèbres, ils lavent leurs chemises, leurs pauvres culottes de cotonnade. Ils les renfilent à peine tordues, toutes glacées. Leur honneur professionnel, le respect des maîtres qu'ils servent pour un jour, ne leur permettent pas d'entrer dans la petite ville avec des pieds boueux, avec les souillures de terre dont tant de chutes ont maculé leurs vêtements.

J'avais pris ce chemin des Hauts pour jouir d'une vue admirable et pour savourer des joies pittoresques. J'en rapporte d'utiles leçons de choses.

Oui, il y a un Japon des Basses-Terres où, sur des plates-bandes, coule et s'étale le limon descendu de ces montagnes. Qui verrait seulement le verdoiement des jardins créés sur ces étroits espaces par un travail intense, dirait :

— Sans doute, ces Japonais ont des enfants sans nombre. Mais ils disposent pour les nourrir d'une terre qui n'a point d'égale en puissance de fécondité.

Gravissez la montagne d'où glissent ces chances de vie. Aussitôt vous comprenez pourquoi ce peuple d'agriculteurs est avant tout un peuple de soldats et de marins. Elle est inéluctable, la loi de vie qui l'oblige à aller chercher au delà de la mer d'autres terres pour ses ensemencements.

Oui, il y a un Japon scolaire, parlementaire, protocolaire, qui porte toutes les livrées de nos civilisations occidentales. Il essaie à se mouvoir, à parler, sinon à penser comme nous. Mais il y a aussi le Japon perpétuel de ces porteurs de chaises : le Japon des cinquante millions de Japonais qui ont été dressés à tout supporter en riant, qui, dans les montées rudes, chantent la chanson des aïeux, un Japon héroïque qui n'a guère besoin d'argent pour vivre, qui ne demande pas un lit pour dormir, et qui, tout de même, a droit à l'existence.

Oui, il y a le Japon d'allures positivistes, qui ricane, qui triche, qui n'espère rien au delà de ce que ses mains peuvent toucher aujourd'hui. Mais il y a l'autre : celui des grands devoirs héréditaires, celui des dieux, des pèlerins, celui que j'ai salué dans la montagne, celui où la tradition apparaît comme une plante précieuse que l'on soigne encore plus pieusement que le riz.

Duquel de ces deux mondes parle-t-on, chez nous, quand on dit, tantôt avec dédain, tantôt avec admiration, tantôt avec défiance, tantôt avec élan :

— Le Japon...

CHAPITRE VIII

L'EMPEREUR-DIEU

Ces deux Japons, en apparence si différents, ne sont pas, en fait, très éloignés l'un de l'autre. Le vide qui nous semble régner entre eux est rempli par le « Mikado », lequel occupe, par surcroît, tout l'espace entre la Terre et le Ciel.

Ce qui nous intéresse à l'heure présente, quand nous prononçons ce mot de « Japon », ce ne sont, hélas ! ni sa beauté pittoresque, ni son art prestigieux. Une heure de l'histoire sonne où il nous faut juger tout ce qui est force à ce point de vue unique :

— Quelle qualité de collaboration ou quelle menace d'hostilité, ce facteur japonais représente-t-il, pour aujourd'hui ou pour demain, dans les oppositions de poids qui feront osciller la balance ?

Les nations européennes représentées à Tokio par des Ambassadeurs, des Ministres, des Chargés d'affaires, ne les accréditent point auprès du peuple japonais, représenté par son gouvernement. Ils nous sont un lien direct avec ce personnage mystérieux, sacré, que, nous autres gens d'Occident, nous continuons à nommer le « Mikado », alors que ses sujets, ses ministres, le désignent par ce vocable plus moderne : « l'Empereur ».

Quelle réalité se cache derrière cette fiction?

Au centre de cette capitale de Tokio, plus étendue que Londres, il y a une ville sainte. D'immenses avenues sablées, larges comme des places, lui font d'abord une marge de silence et d'isolement.

Sa seconde défense est un fossé plein d'une eau verte et bleue, merveilleusement pure, toujours frissonnante et qu'une suite de canaux empêche de stagner.

La troisième défense du palais est un mur en pierres sèches. Le mot de « mur » est ici inexact. On a plutôt devant soi un quai de pierres grises ou bleues, surgies des eaux vertes du canal. A trois ou quatre mètres au-dessus de ce miroir, ce quai supporte des pelouses dont la ligne d'émeraude suit le faîte. Mais le charme incomparable de cette belle image, n'est pas seulement la fraîcheur des gazons au-dessus de la fraîcheur de l'eau. Toute la crête de ce soutien de terrasse est bordée à perte de vue par ces pins aux aiguilles sombres, qui, dans les dessins japonais, forment un premier plan obscur, derrière lequel fuit le paysage pâle.

Nous sommes loin de la futaie de Versailles, disciplinée par Le Nôtre. C'est tout juste si ces arbres sont plantés à distance égale les uns des autres.

Derrière ces blancheurs et ces verdures, une légère colline se soulève : elle porte le palais impérial.

Ce mot de « Mikado » qu'en Europe nous prononçons sans trop le comprendre, ne désigne pas seulement l'Empereur : il fait encore entendre tout le Palais, voire la Ville Sainte, et dans cet enclos les Trois Lieux Sacrés qui, pour ainsi dire, « font corps » avec l'Empereur. C'est d'abord le temple de Kashi-Dokoro, où est déposée une réplique du divin miroir d'Isé qui va jouer un rôle principal dans ces fêtes du Couronnement auxquelles nous assisterons demain. Ce sanctuaire est dédié au culte de Jimmu, le premier ancêtre de la dynastie. Il est flanqué de deux temples qui lui font comme des ailes détachées. A l'ouest, le Kworei-Den, dédié à tous les autres empereurs. A l'est, le Shin-Den, où l'Empereur vivant honore « toutes les autres Déités ».

A supposer que l'on puisse dire : « Le Japon a une âme », son âme est là.

J'ai eu jadis la rare fortune d'assister, dans la petite chapelle du Kremlin, au couronnement du tsar Nicolas II. Ce jour-là, j'ai vu le souverain prendre de sa main l'hostie consacrée par le prêtre, — car il ne devait pas y avoir d'intermédiaire entre Dieu et lui. De sa propre main encore, il plaça sur sa tête la couronne qu'on lui présentait, car il ne la tenait ici-bas d'aucun pouvoir terrestre. Et puis j'ai entendu la lecture de la magnifique formule que le rite prononçait à haute voix comme un vœu des peuples :

« Que le Tsar des Tsars protège le Tsar, qu'il lui donne la sagesse, la prudence, la justice, afin qu'au jour du Jugement, le Tsar puisse paraître devant Dieu sans honte. »

Rien de pareil ne sera dit aux cérémonies de Kioto qui vont être célébrées, dans quelques jours. A Moscou, il y avait deux puissances, l'une en face de l'autre, sous les yeux du peuple : Dieu et le Tsar. A Kioto, il n'y en aura qu'une : l'Empereur, tout ensemble Empereur et Dieu, représentation momentanée de la lignée d'ancêtres qui, eux-mêmes, se perdent dans la Divinité.

Et le peuple? Ce peuple qui, en Russie lèvait les mains vers le Tsar, qui, de toute la foi de son âme, le nommait « Père »? Ce peuple qui, au pied de la lettre se considérait comme l'enfant de ce Père? Quelle attitude va-t-il prendre au Japon, devant l'Empereur-Dieu?

Va-t-il l'adorer?

Les Japonais regardent l'Ancêtre Impérial comme « l'Ancêtre de toute la Nation ». Au sens rigoureux de la lettre, cette nation est considérée comme formant une unique et vaste famille. Lorsque l'Empereur, au lendemain de son intronisation, se rendra en pèlerinage au temple d'Isé où est conservé le véritable miroir qu'une aïeule divine donna au premier souverain de sa lignée, il apercevra, théoriquement, dans ce miroir tous ses ancêtres qui remontent jusqu'au Ciel. Lorsque le peuple japonais contemple son Empereur, il se « mire » en lui, il se « perd » en lui, de la même façon que l'Empereur se mire et se perd dans la contemplation de ses ancêtres.

Il me semble que j'entends d'ici l'ironie de chez nous. Elle suggère :

— Mais alors? Si l'Empereur est Dieu, et si tous les Japonais sont ses fils, ils se croient dieux eux-mêmes? De telles origines expliquent suffisamment ce qu'on leur reproche d'orgueil !

Tâchons d'oublier nos manières de voir pour entrer avec amitié dans la pensée du voisin. Le fait que l'Empereur et la Nation ne sont qu'un, aide à comprendre qu'en accordant au Japon moderne une constitution quasi européenne, ce Dieu-Souverain ne s'est dépouillé d'aucun de ses attributs essentiels. Dans la recherche de ce qui est bon et juste, il s'est donne à lui-même, pour l'exercice du pouvoir, une nouvelle méthode d'action. Après cela, il laisse à chaque partie du Tout dont il est la tête le soin de s'occuper de ce qui la regarde particulièrement. Lorsque, au début de la nouvelle année, pour la cérémonie du 4 janvier, dite « Commencement des Affaires de l'État », il a reçu ses ministres, que leur a-t-il demandé?

Un rapport sur les affaires de la Châsse du Grand Temple d'Isé.

Il ne s'est pas enquis des effets de ce règlement nouveau rendu en conformité avec toutes les ordonnances émises par les précédents empereurs, et dont le souverain qui vient de mourir fit pressentir l'esprit lorsque, le jour de la Promulgation de la Constitution, soit le 11 février 1889, il a déclaré :

« En considération de la tendance vers le progrès qui se manifeste dans le cours des affaires humaines et parallèlement à l'avance de la civilisation, Nous décidons, etc... »

CHAPITRE IX

LA CONSTITUTION JAPONAISE

Dans le développement des fêtes de l'ascension au trône, dont nous allons être les spectateurs, une scène s'intercale : à distance, elle peut donner l'illusion d'un gouvernement constitutionnel, forgé à l'image de nos institutions européennes.

A un moment donné, l'Empereur se lèvera. Il lira un rescrit. Le Premier Ministre, en l'espèce le comte Okuma, gravira l'escalier du trône. A son tour il lira une adresse de félicitations qui est une façon de réponse. Après quoi il se tournera vers les bannières d'honneur et puis il poussera trois « hourras », que nous autres, l'assemblée, nous répéterons.

On peut prévoir que le rescrit impérial ne contiendra aucune allusion aux maux que la guerre impose au Vieux-Monde. Il n'y a pas de place dans les préoccupations de Celui qui vient ici recueillir l'héritage de ses ancêtres divins pour l'insignifiance de ce qui n'est pas éternel.

Ce Dieu-Incarné règne, il ne gouverne pas.

Un diplomate qui vient de traverser le Pacifique en ma compagnie et qui a présenté, hier, ses lettres d'introduction, me décrit le protocole qui a servi de cadre à cette cérémonie immuable.

Une escorte est venue au-devant de lui. Il a attendu quelques instants dans une grande salle où le décor japonais et le décor européen se confondent. L'Empereur, en uniforme militaire, l'a reçu debout dans un petit salon adjacent. Un interprète a lu la formule de présentation. L'Empereur a lu sa réponse lui-même. Puis il a posé quelques questions de bienveillance. Il s'est enquis de la santé du chef d'État qui avait délégué cet envoyé Il a demandé gracieusement :

— Avez-vous fait bon voyage?

On en est resté là.

Par la suite, ce représentant accrédité apercevra l'Empereur trois ou quatre fois par an, aux environs du 1er janvier, pour une cérémonie de félicitations, à la Fête des Cerisiers, vers l'automne, à la Fête des Chrysanthèmes. Le Souverain lui demandera des nouvelles du chef d'État qu'il représente, et ainsi de suite, jusqu'à l'audience d'adieu.

Et s'il arrive que dans une occasion uniquement grave, l'ambassadeur souhaite parler directement au Souverain?

La révolution par laquelle le Mikado s'est

affranchi des usurpations de ces maires du Palais, que l'on nomme ici les Shogun, n'a pas eu pour but d'ouvrir sa porte aux contestations de la politique étrangère. Il a pour cela des ministres, ce sont eux qu'il faut voir.

On ne peut raisonnablement demander au Souverain du Japon de prendre dans nos affaires privées d'Européens et d'Américains, des initiatives dont il s'abstient lorsqu'il est question de la politique intérieure de son royaume. Sans doute, au début de chaque session, il paraît au Palais de la Diète. Du haut de la tribune où il siège, il entend le Premier Ministre donner lecture du rescrit dans lequel, en termes généraux, et si l'on peut dire « lointains », il fait allusion aux événements qui se sont récemment déroulés dans le temps et dans l'espace. Sans doute encore, il reçoit, de temps en temps, son « Premier », ses ministres, ses amiraux, ses généraux. Dira-t-on qu'ils viennent lui rendre des comptes? Il serait plus exact d'indiquer qu'ils lui soumettent des rapports. On le tient au courant. On demande sa sanction pour des résolutions qui ont été arrêtées dans des conseils de cabinet. En tout cela il ne prend pas une attitude personnelle.

Quand les Chambres renversent le ministère, il fait appel à une façon de Conseil des Anciens, dont les membres ont été choisis par lui-même et auxquels il se fie. Les amiraux, les généraux, les financiers, les grands industriels, les hauts universitaires, les lieutenants généraux, qui s'assoient coude à coude dans ce Conseil sont consultés par le gouvernement dans toutes les questions importantes d'administration de finances, de politique extérieure. Les ministres japonais des Affaires Étrangères se servent volontiers de cette institution comme d'un paravent. Lorsque nos diplomates les pressent de conclure une affaire, depuis trop longtemps pendante, ils répondent volontiers :

— Nous sommes obligés d'attendre les conclusions du Conseil Privé.

Ces conclusions sont soumises à l'approbation de l'Empereur. Il les ratifie, il ne les provoque pas. Dans le gouvernement des choses de la terre, son action est moins sensible que celle d'un Président de la République ou d'un Roi d'Angleterre.

A qui donc les ambassadeurs de France, du Royaume-Uni et de Russie, doivent-ils s'adresser lorsque, séparément ou en commun, ils veulent exprimer au Japon les pensées ou les désirs de leurs gouvernements respectifs? Où est le pouvoir de décision que nous ne devons pas chercher au Palais?

Avec l'assistance de juristes qui ont étudié le droit en Europe et qui connaissent nos points de vue, je viens de lire la Constitution japonaise.

Si l'on s'en tient à la lettre des rescrits qui ont mis au point cette Constitution-là, elle est un modèle de prévision. Elle porte l'empreinte de la sagesse et du patriotisme de ce grand Japonais, Ito, qui, pour éclairer son Souverain, a visité l'Europe en 1882 afin d'étudier les différents systèmes par lesquels les hommes blancs sont gouvernés.

Nous sommes ici en face de deux Chambres qui, virtuellement, jouissent des mêmes droits. La Chambre-Haute ou des Pairs, est composée de princes du sang, de princes, de marquis, de comtes, de vicomtes et de barons, de « capacités », nommés directement par l'Empereur et d'un petit nombre de pairs choisis parmi les contribuables les plus chargés d'impôts. Les membres de la Chambre-Basse sont élus par tous les Japonais mâles, âgés d'au moins vingt-cinq ans qui paient au moins vingt-cinq francs de taxes. Les villes de trente mille habitants envoient un représentant. Les villages les plus peuplés, les districts campagnards élisent un député par cent trente mille âmes. Cette Chambre-Basse a le privilège de discuter d'abord le budget.

J'ajoute, pour être complet, que le Premier Ministre est choisi par l'Empereur. Le ministère est responsable devant le Souverain. Il y a au Japon autant de départements ministériels que chez nous. Ils abritent une bureaucratie déjà nombreuse.

Ce qu'il est important de connaître, c'est la réalité qui s'abrite derrière ce frontispice. En effet, en tout pays du monde, il faut laisser passer du temps avant que les lois deviennent des mœurs. Un docteur japonais, qui a fait ses études scientifiques aux États-Unis, me dit avec malice :

— Si la session parlementaire n'était pas close, je vous aurais accompagné à quelque séance de notre Parlement et je vous aurais signalé un détail qui en dit long. Vous savez avec quelle rigueur nos hommes de science appliquent les méthodes les plus modernes dans la poursuite de leurs découvertes? Vous venez de me dire qu'à New-York, visitant l'Institut Rockefeller, vous avez serré la main d'un jeune savant japonais qui travaille aux côtés de votre Carrel et qui est en bon chemin d'utiles recherches. Vous avez pu, d'autre part, à Paris, dans notre ambulance japonaise de l'avenue des Champs-Élysées, constater quels scrupules d'antisepsie pratiquent nos chirurgiens et les « nurses » dont ils ont été suivis? Cependant si vous pénétriez dans notre Chambre des Députés, vous trouveriez au pied de la tribune, une cuvette et un verre d'eau uniques. Chacun vient successivement s'y rincer la bouche, sans appréhension...

Cessons de sourire. J'emprunte à la déclaration ministérielle du comte Okuma ces réflexions empreintes d'une loyauté courageuse. Elles méritent d'être entendues au delà des terres volcaniques que baignent les mers orientales :

— Beaucoup d'abus politiques, dit le Premier Ministre, sont apparus dans ces dernières années. Ils menacent d'altérer toutes nos institutions nationales et sociales... Le mauvais usage du gouvernement constitutionnel, la distinction vague entre les fonctions politiques et celles qui sont permanentes, rendent l'administration du gouvernement injuste... En matière d'éducation publique, le gouvernement a l'espoir d'inculquer ces idées et ces vertus. Elles sont nécessaires à la formation d'une nation constitutionnelle et loyale.

(Mai 1914.)

CHAPITRE X

L'OPINION PUBLIQUE

Je ne perds pas mon temps en cherchant à découvrir à qui l'on parle au juste lorsque chez nous l'on se demande :

— Quel est au Japon le pouvoir auquel nous nous adressons par la bouche de nos représentants accrédités?

Nous ne saurions développer trop de délicatesse et de perspicacité dans notre diagnostic, à la minute où nous tâtons le pouls d'une nation de près de cinquante-cinq millions d'habitants, qui, sur la terre et sur la mer, a fait ses preuves de victoire et qui, par surcroît, est l'alliée de notre alliée.

Les spécialistes les plus au courant du tempérament des Japonais d'aujourd'hui me proposent cet horoscope :

— Les gens de la terre commencent ici à mettre leurs intérêts d'agriculteurs au-dessus de toute autre considération. Ils orientent leur confiance vers ceux qui leur demandent le moins et qui leur promettent le plus. Pour les masses ouvrières, le peuple des villes, les gens de petits métiers, ils sont demeurés, comme leurs ancêtres, campés dans la formule des « clans ».

Qu'est-ce à dire?

Le nouveau débarqué au Japon entend répéter autour de soi des noms qui reviennent ici dans la causerie comme ceux des Montaigus et des Capulets à Vérone.

On vous confie :

— Ne savez-vous pas que les questions de politique ne sont pas nécessairement des questions de principes? Des quatre clans : les Satsuma, les Choshu, les Tosa, les Hizen, que nous a légués notre passé féodal, deux sont encore actifs. Ito, Inouyé, Yamagata, Aoki, Katsura, étaient et sont tous des Choshu ; au contraire, Oyama, Maisukata, Yamamoto, Kawamura, sont des Satsuma. Les uns nous fournissent nos hommes d'État, les seconds contrôlent et emplissent notre marine et notre armée.

Ce mot de « clan » que nous empruntons parce qu'il nous est connu, peint au vrai la totale dépendance intellectuelle, morale et physique, l'absence absolue d'initiative individuelle, dans laquelle cette société japonaise a évolué jusqu'au dernier quart du dix-neuvième siècle. Cette discipline a eu de nobles effets. Elle a modelé la politesse incomparable, la douceur, le contrôle de soi, la frugalité, la tranquillité, le sourire dont nous sommes charmés. Elle a créé la femme japonaise. Elle n'a pas préparé la nation aux débats de conscience de la responsabilité individuelle. Toute cette société japonaise a été *façonnée du dehors* à la pratique des vertus qui l'ont faite ce qu'elle est. Brusquement on lui demande de se *déterminer par décision individuelle et du dedans.* On la prend par surprise.

Sans doute, il existe une presse japonaise. Elle date de 1871. Elle a crû avec le mouvement démocratique. J'aurai l'occasion de reparler d'elle. Le fait est qu'elle édite à cette heure plus de deux mille journaux. Quelques-uns d'entre eux montent à une circulation de deux cent cinquante mille exemplaires. Et, certes, c'est pour le nouveau venu un étonnement de constater avec quelle avidité ces journaux sont lus. Les femmes dans les chemins de fer, les jeunes gens dans la rue, les petits boutiquiers, assis sur leurs nattes, lisent les feuilles publiques sous les ampoules électriques, voire au cours de la journée, entre les mouvements du travail. Pour tous ces gens-là, la lecture du journal est un aliment aussi indispensable que leur « bolée » de riz.

Et dans ces journaux, dévorés si fiévreusement, que cherchent-ils?

On peut affirmer qu'ils sautent les éditoriaux, généralement rédigés par des hommes d'État tombés du pouvoir, par des professeurs, des hommes techniques, des hommes de finance, d'industrie, des directeurs de banque ou de grandes compagnies, des chefs de service, de hauts fonctionnaires. Ils se repaissent d'informations, mais surtout de scandales.

Naturellement, l'Empereur est mis au-dessus de tout et en dehors de tout. Ce privilège s'arrête aux portes du Palais. En effet, dans une liberté absolue de langage, la lutte des partis et des personnes se déchaîne ici, violente, sans merci. Nul n'est ménagé. La vie privée des hommes d'État est fouillée. Leurs fortunes sont passées au crible. Les reporters s'attachent inlassablement aux talons des personnages en vue. Il y a partout des fuites. Le secret de toutes les négociations en cours est percé à jour. Les directeurs de journaux se rient des défenses du gouvernement.

Le résultat de ces pratiques est que la presse, le livre et la réflexion, n'ont pas encore éduqué au Japon cette force supérieure à tous les pouvoirs que, nous autres, nous nommons « l'opinion publique ». Elle est bien entendu en formation : l'école obligatoire, les transformations qui se manifestent dans les lois présagent son avènement. Elle n'existe encore qu'à l'état de nébuleuse.

Il ne faudrait pas chercher dans le Parlement cette puissance de détermination, cette responsabilité suprême que nous n'avons trouvée jusqu'ici, ni au palais, ni dans la campagne, ni dans le faubourg, ni dans l'usine.

La précaution que le législateur a prise de n'accorder le vote qu'aux Japonais âgés d'au moins vingt-cinq ans et qui paient chaque année, en taxes directes, un minimum de vingt-cinq francs, limite à ce point le nombre des électeurs que, pratiquement, au Japon, une nation de cinquante-cinq millions d'habitants ne dispose pas d'un million de suffrages. Quand vient pour elle le moment de mettre dans les urnes ce million de bulletins, son embarras serait grand s'il lui fallait distinguer par elle-même quel programme mérite son soutien.

Je viens de lire avec attention les programmes fondamentaux des différents partis en vedette. Je réussis moins à préciser par où leurs principes directeurs les séparent radicalement les uns des autres qu'à retenir le nom des hommes éminents, au moins notoires, qui se groupent ici autour des chefs de clan.

Toutes les histoires pittoresques que l'on nous a contées au sujet des mœurs électorales dont jadis la Corse fut le théâtre, toutes les batailles de « Çof » dont l'Algérie donnait le spectacle, il y a vingt ans, sont ici l'actualité vivante du suffrage universel.

Le Japon est le pays du monde où la statistique est tenue le plus en honneur. J'ai donc facilement découvert la liste des violations du suffrage universel qui ont été officiellement punies.

En 1890, date de l'inauguration du suffrage, il y a 226 cas déférés aux tribunaux, mais il y en a 2652 en 1892 et 8500 en 1912. La nature des délits est qualifiée : « Présents en argent, présents de toute espèce, entretien de l'électeur, intimidation, violences, violences avec armes (2318 cas). » Il n'est pas rare, dans la campagne, de voir un candidat mettre sur route une armée de six cents agents électoraux. On dépense au moins 5000 francs en cartes postales. Les frais moyens d'une élection montent à 20000 francs. Dans une occasion récente chacun des deux adversaires a jeté au vent 125000 francs. L'élection a été cassée comme immorale. Le candidat qui a finalement triomphé a dépensé 150000 francs de plus.

A ce prix on peut se procurer l'assistance de ces redoutables fiers-à-bras les « Soshi » qui n'ont pas d'autre profession avouée que de mettre au service d'un candidat généreux leur arrogance, leur goût des coups, leur audace. Elle va jusqu'à incendier le journal de l'adversaire.

Après cela on comprend mieux l'observation

attristée du comte Okuma sur l'éducation insuffisante d'électeurs nouvellement appelés à la pratique d'un droit dont ils ignorent encore le caractère.

Non, le peuple japonais n'est pas plus que son Empereur l'auteur responsable de la politique extérieure du Japon.

Cherchons ailleurs.

CHAPITRE XI

TROIS VIEILLARDS DANS L'OMBRE

Il existe au Japon une puissance mystérieuse et dont on ne parle qu'à voix basse. A certaines minutes elle souffle par-dessus la tête du gouvernement comme un vent d'orage et elle le contraint à se plier dans le sens de ses décisions.

L'avant-dernier Président du Conseil, le baron Kato, un Japonais très moderne que Londres a connu et apprécié dans son rôle d'ambassadeur, voulut lui résister. Il était supérieur de toutes les façons, riche et fort. Il résolut de ne pas plier : il dut quitter la place.

Au mois de juillet dernier, le comte Okuma, son successeur, a senti, lui aussi, passer ce vent de l'abîme.

Malgré ses intentions excellentes, le comte Okuma a vu les élections qu'il présidait entachées de scandales ordinaires et extraordinaires. Les choses sont allées si loin que l'opposition a demandé la mise en accusation d'un ministre. On reprochait à ce politicien d'avoir semé trop d'or, trop ouvertement et dans des formes inaccoutumées. La majorité qui, pour une part, sortait de ces largesses, refusait naturellement de se scandaliser. Fort de son appui, le comte Okuma faisait la sourde oreille aux protestations de la minorité.

Soudain, il a entendu des voix qui commandaient :

— Peu importe que votre majorité vous soutienne. Vous avez à vos côtés des gens que vous ne pouvez pas conserver. Faites-les sortir de votre ministère.

Le sacrifice était périlleux, pourtant le comte Okuma a obéi.

Et s'il avait résisté ?

A la première occasion où il aurait eu besoin de l'approbation de l'Empereur, il aurait trouvé portes closes au Palais. On lui aurait répondu sans autre explication :

— L'Empereur ne donne pas son agrément.

Où gît donc la source haute de ce pouvoir occulte et maître ?

A l'arrière-plan de sa vie si moderne, si renouvelée, le Japon aperçoit, comme dans une clarté de crépuscule, Trois Vieillards illustres. Hugo aurait dit des « Burgraves » et la Bible des « Anciens de la Nation ». On les nomme les Genero.

Hier encore, ils étaient quatre, mais l'un d'eux,

le marquis Inouyé, vient de descendre sous la terre.

Les trois survivants sont : le prince Yamagata, qui, dans sa jeunesse, a puissamment aidé le père de l'Empereur actuel à s'affranchir des usurpations des Shogun. Au moment de la guerre russo-japonaise, il était le chef de l'état-major général. Le second Genero est le prince Oyama. Il a pris une part glorieuse à la guerre de la Restauration. En 1871, il assistait au siège de Paris. Au cours de la guerre avec la Russie, il a commandé en chef l'armée de Mandchourie. Le troisième Genero est le marquis Matsuka. Il a été le grand financier de la Restauration. Il a présidé deux fois le Conseil des ministres. Il connaît toute l'Europe et l'Amérique.

On chercherait vainement dans la Constitution ou ailleurs une mention des Genero. Nul ne les a nommés à ce titre, en fait, supérieur à tous les autres. Ils jouissent d'une situation de Genero plutôt qu'ils n'ont reçu une investiture officielle. Ils agissent en dehors des partis. Leurs fortunes et leurs honneurs les élèvent au-dessus des ambitions, leurs âges au-dessus des passions. Ils se manifestent comme un pouvoir d'à côté qui n'a pas de responsabilités administratives. Ce sont des Nestors. L'Empereur pourrait négliger leur avis, mais après cela il aurait scrupule à paraître devant les mânes de son père défunt. En ces sages, le Souverain voit la survivance de la pensée paternelle. En eux, encore, le Japon vénère la perpétuité de sa tradition.

Et aussi bien ce sont les Genero, qui, au mois d'août 1914, quand les Allemands s'imaginaient que le Japon allait faire cause commune avec eux, ont décidé au profit des Alliés du choix de l'Histoire.

CHAPITRE XII

ALLIÉS ET ENNEMIS

Encore que l'opinion publique japonaise pèse peu sur la conduite de la politique extérieure de l'Empire, elle existe tout de même à l'état de réserve sentimentale. A ce titre elle mérite un examen rapide.

J'analyserai à part les jugements que les Japonais se forment à notre endroit. Je veux indiquer ici les dispositions que la presse et le public manifestent ouvertement au sujet de nos alliés, la Russie, l'Angleterre, — et de notre ennemie, l'Allemagne.

Je ne peux tout de même point passer sous silence un article de fond qui a été publié au début de la présente année (7 janvier 1915), par la *Gazette du Japon*, et puis commenté favorablement par toute la presse nippone. Il a pour titre : « L'extraordinaire nation française. »

On y lit :

« Il nous vient de la longue ligne de fer qui s'étend de la mer des Flandres à l'Alsace, d'intéressants rapports : ils démontrent la supériorité de l'artillerie française sur les moyens de son ennemi. Les lourds canons de siège de Krupp ont été l'occasion de surprises accidentelles. Le canon de campagne du Creusot, le 75, et les hommes qui le manœuvrent, provoquent une surprise constante. Aux dires des experts d'artillerie, pour savoir ce que ce 75 vaut, il faut l'avoir vu à l'œuvre. C'est à son efficacité qu'il convient d'attribuer l'avance sans défaillance du front de bataille français. Et, aussi bien, depuis qu'ils ont arrêté leur ennemi sur la Marne, jamais les Français n'ont reculé. On avance lentement, mais sûrement. Tout l'honneur de ce progrès est à la gloire des armées françaises. Sans doute, la petite armée anglaise joue ici son rôle : elle a la charge d'un front d'une cinquantaine de milles. Son alliée en couvre des centaines et si les pertes anglaises ont été lourdes, combien plus graves les sacrifices de la France ! Cependant, de ce côté-là, nous ne relevons ni excitation, ni lamentations, ni découragement. La calme résolution de la France, son franc dédain de la « galerie » auront été un des étonnements de cette guerre. Cette attitude revient pour une part à son commandant en chef, le général Joffre. On le tenait pour un grand soldat. On s'attendait à retrouver en lui ces qualités typiquement françaises qui se traduisent par des improvisations et de magnifiques sursauts dans la difficulté. On ne s'attendait pas à une telle manifestation d'endurance. Le général Joffre sait quand il faut attaquer et quand il faut temporiser. Lorsqu'on écrira l'histoire de cette guerre l'excellence de son jugement éclatera. Sans doute il a à ses côtés de grands chefs, tels le général Pau, le héros de Mulhouse, et d'autres dont les noms nous sont moins connus. Il s'est récemment débarrassé d'officiers supérieurs parce qu'ils jouaient le vieux jeu. Il les a remplacés par des hommes plus jeunes qui partagent ses idées sur la façon moderne de conduire une guerre. Nous avons dit ce qu'il faut penser de son artillerie. Sa cavalerie, supérieurement commandée, s'est montrée brillante et infatigable. Le corps des aviateurs français a maintes fois provoqué l'admiration. Ce n'est pas seulement le général Joffre, mais le maréchal French qui, à différentes reprises, lui ont rendu hommage.

« Le Commandant en Chef des armées françaises hait la réclame. Il lui suffit de faire éclater sa supériorité par ses procédés de stratégie et de tactique, par la maîtrise dont il fait preuve dans le choix des hommes qu'il emploie. Il inspire la confiance. Il communique sa tranquillité d'âme, sa détermination enragée à ceux qu'il commande. Il les conduit à abandonner le goût qu'on leur supposait pour les exploits d'un caractère théâtral.

« Ce ne sont pas d'ailleurs la flotte et l'armée françaises toutes seules qui luttent ici pour la liberté, c'est la France entière, une France nouvelle, dont la révélation est une surprise pour le Monde. Le ricanement que l'Allemagne se permettait en face de ce qu'elle appelait la « décadence « française » a été une de ses erreurs capitales. Les quarante millions d'âmes qui composent la France sont décidées à tout sacrifier, leurs ressources et leur sang, pour atteindre leur but. « Ces immolations, « dit un grand journal anglais, ne se produisent « pas en vain. Une France se lève aux yeux de « tous. Elle témoigne d'une fierté d'âme, d'une « foi dans ses destinées plus hautes que toutes « les gloires de son passé. »

Il serait injuste de dire : « Pour nous rendre ce témoignage d'estime, le Japon attendait que la preuve de notre supériorité fût acquise. » Le Japon est un pays de tradition militaire. Ce n'est ni comme philosophe, ni comme commerçant, mais bien par ses qualités de soldat qu'il s'est imposé lui-même à la considération du Monde moderne. L'admiration, qu'à travers beaucoup de défiances et de rancunes il témoignait hier pour l'Allemagne, était motivée par la connaissance où l'on était ici d'une préparation militaire que les professionnels considéraient comme parfaite. Notre succès démontre qu'il existe une préparation atavique des âmes dont l'efficacité vaut contre les organisations matérielles les mieux réglées. Nous bénéficions de cette découverte.

Les sentiments que la presse japonaise exprime ouvertement ces temps-ci au sujet de son allié anglais, sont empreints d'une cordialité moins pure. Comme ces nuances n'altèrent point la solidité d'un contrat qui joue sous nos yeux avec son plein effet, il n'y a que des avantages à les analyser.

Le Japon croit distinguer deux variétés d'Anglais : les Anglais d'Angleterre et puis ceux qui sont nés en Asie et qui y pratiquent le négoce. A l'endroit des premiers, on professe des sentiments d'admiration et de sincère gratitude. On n'oublie pas que dans le temps où l'Asie était le champ de bataille de l'Éléphant et de la Baleine, la baleine a prêté aux ambitions japonaises un concours efficace. Oui, les rapports sont excellents entre Tokio et Londres. Ils le demeureront toujours si ces Anglais d'Asie, dont je parlais tout à l'heure, et que l'on nomme ici les « Britishers » ne s'appliquent pas à les gâter.

Le fait est que ces « Britishers » n'ont jamais estimé qu'ils avaient de grands devoirs envers leur lointaine métropole. Ils se contentent de recourir à elle avec une confiance qui n'a jamais été mise en échec quand leur hardiesse — les Japonais disent leur égoïsme — vient à blesser gravement d'autres intérêts. C'est le cas en Chine. L'établissement des «Britishers» y est ancien. L'Angleterre s'y connaît des droits incontestables qui sont liés aux prérogatives que s'attribue le premier occupant. Les « Britishers » lui en supposent d'autres, plus récents, dont le meilleur soutien gît dans l'ardeur et la continuité de leurs convoitises.

Un éminent homme d'État japonais me disait hier :

— L'Angleterre est représentée à Pékin par une diplomatie qui a pour elle l'autorité d'une longue expérience. Je ne lui demande pas d'être japonaise dans le secret de son cœur. J'admettrais qu'elle ne fût qu'anglaise — agressivement anglaise, mais je la trouve plus chinoise que la Chine et cela, c'est trop de zèle.

On entend bien que je ne m'associe pas à la critique, et qu'ici je ne suis qu'un écho.

C e mauvaise humeur semble partagée par une partie de l'opinion publique. Voici, à titre d'exemple, un article dans lequel le journal *Yorozu* donne corps à ces irritations :

« L'Angleterre nie que des tendances révolutionnaires se fassent jour aux Indes, en même temps elle prend toutes précautions contre les milieux révolutionnaires. Nous autres, Japonais, nous avons à peser si, dans le cas où une révolution se produirait aux Indes, nous aurions à mobiliser pour la battre. Le peuple anglais se sert de cette menace d'une mobilisation japonaise pour tenir les Hindous en respect. Mais nous, nous devons y regarder à deux fois. Malgré l'affirmation anglaise, il n'y a dans le traité anglo-japonais aucune clause qui nous oblige à mobiliser dans le cas où une guerre civile éclaterait aux Indes. C'est entendu : si une troisième Puissance attaque l'Inde, nous devons aller au secours. Dans le cas d'une guerre civile, le Japon n'a pas l'obligation d'aider l'Angleterre à opprimer les Hindous. Si les Anglais croient qu'ils peuvent user de nous de cette façon, c'est de leur part une erreur de bon sens et d'égoïsme. Est-ce que l'Angleterre n'a déjà pas trop abusé du Japon dans le passé? Nous n'avons jamais considéré comme honorable pour nous que l'on pût dire : « Le ministère des Affaires étrangères du Japon est à Londres, Downing street. » Cela cause chez nous une impression fâcheuse qu'on ose affirmer : « Le ministre des Affaires du Japon est un agent de sir Edward Grey. » Le Japon est dans le monde une nation indépendante. Il n'a que faire de servir l'Angleterre comme un chien ou comme un cheval.

« Ce que les Hindous réclament aujourd'hui, ce n'est pas l'indépendance, c'est un gouvernement autonome. Les progrès de leur éveil leur donnent le droit à cette autonomie. Les Russes, au temps de la guerre avec le Japon, ont donné la Douma à leur peuple. La Pologne, à la faveur de la présente guerre, obtient la promesse de son autonomie. Les Hindous ont envoyé deux cent mille hommes à l'aide de l'Angleterre en Europe. En échange de ces services ils ont droit à la récompense qu'ils réclament. Si l'Angleterre la leur marchande, elle agira mal. Comme nous sommes en guerre avec les Allemands, nous avons examiné s'il serait à propos d'envoyer une expédition en Europe. Nous n'avons jamais songé à nous faire les esclaves de l'Angleterre jusqu'à opprimer les Hindous, contre lesquels nous n'avons pas de griefs. Notre amitié pour l'Inde est ancienne. Nous considérons ces trois cents millions d'Hindous comme nos frères. Notre commerce avec l'Inde augmente d'une année à l'autre. Si jamais nous débarquions une expédition aux Indes, nous commettrions une grande faute politique et nous porterions une grave atteinte à notre prestige. Les Anglais disent que les Allemands font passer des armes aux Hindous. Le désir que les Hindous manifestent de posséder un gouvernement autonome n'a pas son origine dans une instigation allemande. Nous autres, Japonais, nous devons peser avec le plus grand soin tout ce qui touche à cette question hindoue. »

On est d'autant plus à l'aise pour recueillir ces réflexions aigres-douces que l'éventualité envisagée par certains Japonais ne s'est pas réalisée et que l'Angleterre n'a eu besoin de personne pour faire comprendre à ses sujets hindous qu'il fallait prendre patience et que le temps de guerre n'était pas la minute favorable pour inaugurer de nouvelles mœurs de gouvernement au pays des Radjahs. Il reste que l'article qu'on vient de lire souffle de propos délibéré, non sans quelque perfidie, sur des cendres où dort un feu qu'on n'a point intérêt à voir flamber.

Les sentiments que les Japonais professent à l'endroit de l'Allemagne sont complexes.

Lorsqu'en 1897 le Kaiser a profité de l'assassinat de deux missionnaires allemands pour se faire concéder par la Chine le riche territoire et la baie de Kiao-Tchéou, il a proclamé du même coup son intention de dominer l'Extrême-Orient. Il a été le véritable inventeur du « péril jaune ». Déjà, en 1894, à la suite de la guerre sino-japonaise, il avait travaillé plus que personne à dépouiller les Japonais de leurs conquêtes. En 1908, dans une interview retentissante, publiée par le *Daily Telegraph*, il a signalé le danger des « succès du Japon ». Il s'était posé en Chine comme le défenseur naturel de cet empire contre les « convoitises insatiables des Nippons ». Il ne pardonnait pas à l'Angleterre d'avoir, en 1904, usé de toute son autorité morale pour empêcher la Russie de déclarer la guerre au Japon (1).

Toutes ces manœuvres et d'autres ont laissé dans l'âme japonaise des cicatrices douloureuses. Elles expliquent, autant que la fidélité à l'alliance anglaise, la décision par laquelle les Nippons se sont rangés du côté des Alliés, à la minute critique où il leur fallut faire un choix. Il reste que la « Kultur » allemande a marqué le Japon d'une empreinte profonde. Il existe entre le caractère des deux peuples d'évidentes similitudes. Leur façon de comprendre le pouvoir impérial et de se donner à lui comme à une religion, est identique. Enfin, épris qu'ils sont de la force, les Japonais, à la minute même où ils ont pris parti contre l'Allemagne, n'étaient pas assurés de sa défaite. Tout cela leur laisse une inquiétude qui se manifeste par des ménagements dont nous avons le spectacle et qui ne laissent pas de nous paraître déconcertants. Yokohama est encore plein d'Allemands après que le gouvernement japonais a envoyé ses navires à Kiao-Tchéou. Ils commercent en toute liberté, leurs banques ne sont pas closes. Quand elles ont fermé leurs portes, un paravent japonais leur a permis de continuer leur action et leurs affaires. L'autre jour, à l'Hôtel Impérial de Tokio, j'avais pour voisins de table des Allemands

(1) J.-L. de Lanessan, *Petit Parisien*, 24 février 1917.

dont l'allure était si provocatrice que j'ai dû porter plainte contre leur façon d'agir. Au cours d'un voyage dans la Mer Intérieure, à travers des régions où l'on ne passe qu'avec des passeports dûment vérifiés, j'ai trouvé d'autres Allemands installés à deux pas d'un arsenal célèbre. Ainsi de suite. Mais quoi ! Nous savons que la politique orientale a toujours au moins deux portes à son service : un portail, largement ouvert avec le drapeau au-dessus, et par derrière des dégagements de cuisine.

La vraie nouveauté de la politique extérieure japonaise est le mouvement d'intérêt bien entendu et de réelle sympathie qui la rapproche de la Russie.

On rappelle volontiers cette déclaration du Genero qui vient de disparaître, le marquis Inouyé. Quelques mois avant sa fin, il a dit à l'ambassadeur de Russie :

— J'espère que je ne mourrai pas avant d'avoir vu se réaliser la grande pensée de mon maître, le prince Ito, à savoir le rapprochement de votre pays et du mien.

La guerre est une affaire comme une autre, et, surtout en Orient, on ne mêle point de vieilles rancunes aux chances qui s'offrent de nouer de bonnes affaires avec un adversaire de la veille.

Un ambassadeur du Japon en Europe, ayant été autorisé à recevoir un journaliste qui désirait l'interroger sur la façon dont le Japon d'aujourd'hui met ses ateliers de fabrication d'armes au service de la Russie, vient de déclarer :

— La production des canons et des munitions que nous fabriquons pour la Russie atteint des proportions vraiment « colossales ». Tout le Japon, hommes et femmes, y travaille jour et nuit dans un nombre considérable d'établissements d'État et d'établissements privés. Chaque jour des dizaines de vapeurs transportent en vingt-quatre heures des canons et des munitions à Vladivostock. De Vladivostock à Petrograd les trains passent en onze jours. Ces trains se succèdent sur toute l'étendue du Transsibérien. Il y en a toujours de vides à Vladivostock en attente des poids lourds que nous déchargeons dans les docks (1).

On voit venir la minute où la parfaite confiance qui règne entre les deux gouvernements se traduira par le retrait des troupes russes de la Sibérie orientale. Ces troupes sont destinées à faire face aux contingents que le Japon entretient dans la Mandchourie centrale et occidentale. On donne à entendre que ces forces pourraient être plus utilement employées en Europe (2).

(1) Interview accordée par M. Hikokichi Ginin, ambassadeur du Japon à Rome, à un représentant du *Giornale d'Italia*.

(2) Cette éventualité s'est réalisée au début de l'année 1917.

On annonce avec faveur la visite que le grand-duc Georges Mikhaïlovitch est sur le point de rendre au Japon. Le fondateur et directeur de l'important journal *Konkoumin*, M. Tokoutomi, salue cette venue en termes obligeants :

« L'amitié entre la Russie et le Japon, dit-il, est le facteur le plus important de la prospérité en Extrême-Orient. L'Allemagne, quand elle a levé son épée, a cru que le Japon ne laisserait point passer cette occasion de porter un coup à la Russie. Le Japon n'a pas commis cette félonie. Fidèle à sa parole, il aide la Russie par tous les moyens dont il dispose, en dehors de l'envoi de ses troupes sur le théâtre de la guerre. La paix en Extrême-Orient ne peut être consolidée qu'à la condition d'un accord parfait entre la Russie et le Japon au nord, entre l'Angleterre et le Japon au sud. Les relations entre nos deux pays deviennent de plus en plus amicales. Nous accueillerons le grand-duc Georges Mikhaïlovitch avec des sentiments de profond respect et d'enthousiasme (1). » (Tokio, 16 décembre 1915.)

(1) On se souvient que cette visite a été effectuée le 11 janvier 1916. Le Grand-Duc est arrivé à Kobé sur le cuirassé *Eassima*. Des troupes japonaises, drapeaux en tête, faisaient la haie et étaient présentes à toutes les stations où s'arrêtait le train. Les événements qui depuis ont bouleversé la vie politique et sociale de la Russie ne font qu'accroître l'intérêt qui s'attache à de telles déclarations. Le Japon y précise ses points de vue avec une franchise qui vaut qu'on la pèse.

CHAPITRE XIII

LA COLLABORATION MILITAIRE DU JAPON. LE JAPON LA VOULAIT

Il y a eu cette année une heure d'enthousiasme où le Japon s'est demandé s'il n'allait pas entrer dans la guerre européenne aux côtés des Alliés. Puis le gouvernement japonais a fait paraître la volonté de limiter ses concours à une montée de garde en Extrême-Orient. L'histoire de ces variations ne peut pas encore être écrite. Il y a sans doute à ces difficultés des motifs d'ordre diplomatique. Il y en a qui sont de bonne compagnie. Il y en a qui sont de prudence. Il serait tout à fait vain de penser que le Japon reviendra sur la résolution qu'il a prise. Il serait peut-être imprudent d'affirmer qu'une surprise de la guerre ne pourrait pas modifier sa décision. Comment deviner ce que lui-même il ignore ?

Je n'ai pas espéré obtenir sur une question si délicate la vérité totale de diplomates qui ont suivi avec l'intérêt qu'on imagine l'évolution de ce projet. J'aime mieux me renseigner auprès des

Japonais eux-mêmes, mettre en scène leurs passions, leurs élans, leurs contradictions, en laissant à chacun, homme ou parti, la responsabilité de ses opinions et de sa polémique.

Je l'ai noté déjà : l'Empereur, expression vivante de la tradition de son peuple, donne ses avis avec la plus grande réserve, toujours en accord avec ce mystérieux et invisible aréopage qu'on nomme les « Genero ». De là l'importance des plus légères allusions que le Souverain esquisse dans les occasions constitutionnelles, lorsque, par exemple, il vient ouvrir la Diète de son Parlement par un discours du Trône.

Ç'a été le cas à la fin de l'année 1914, à la minute où l'Europe s'est demandé si, oui ou non, le Japon interviendrait dans ses conflits.

Le lendemain de cette cérémonie, un des journaux les plus importants du Japon, qui est l'organe de la bureaucratie, le *Yamato Shimbun*, s'est exprimé en ces termes :

« Hier, Sa Majesté a dit : « L'Alliance... » Et encore : « Nos forces expéditionnaires... » Elle a employé aussi les mots : « Dans le péril présent... » Elle a ajouté : « La guerre n'est pas encore ter« minée. » Elle compte, a-t-Elle dit, textuellement : « sur la loyauté de ses sujets pour atteindre le « but final. »

Et le *Yamato* conclut :

« Cette conflagration de l'Europe est pour le Japon une occasion comme on n'en trouve pas une en mille ans, un carrefour de sécurité ou de péril, de gloire ou d'opprobre. Comment la nation ne serait-elle pas prête à répondre à l'appel de l'Empereur? » (8 décembre 1914.)

On comprend et l'on veut comprendre que l'action navale dans le Pacifique, la prise de Tsin-Tao n'ont pas « terminé » la guerre. Pour atteindre le but final, il faut aller rejoindre les Alliés et abattre l'ennemi commun. C'est du moins la thèse que les membres de la Diète, des directeurs de journaux, soutiennent dans une série de meetings. Il y a plus de trois mille personnes réunies au théâtre Hongoza pour acclamer les orateurs. Le succès n'est pas moindre à Kobé, le 11 février. Les orateurs abordent les questions par les côtés qui provoquent l'inquiétude et la passion populaires. Ces réunions se terminent par des acclamations en l'honneur de l'Empereur à qui l'on croit répondre.

Les oppositions vigoureuses se formeront plus tard. Les gens qui veulent échapper à toute contagion d'enthousiasme se contentent de poser des questions de bon sens.

Le principe fondamental sur lequel l'armée est construite, c'est, déclarent-ils, la protection du pays. Peut-on invoquer ici cette clause de la protection? Sans doute Tsin-Tao est pris. Mais la situation où se trouve la Chine permet-elle d'employer notre armée si loin du Japon? Des rébellions pourraient se produire aux Indes. Enfin aucune armée n'est constamment parfaite et au point de perfection de sa préparation. Est-on sûr que l'armée japonaise trouvera en Europe un terrain aussi favorable à ses prouesses que le fut l'Asie? Ne faut-il pas craindre que les armées japonaises soient reléguées par les Alliés au rang des Hindous, des Musulmans, etc.? (*Nichi-Nichi*, novembre 1914.)

Là-dessus toute la presse entre en polémique. On remarque qu'un journal affilié au parti du comte Okuma, le *Hochi*, observe :

« L'idée de l'expédition n'est pas réalisable au point de vue des intérêts japonais, à moins que ne se précisent certaines conditions qui justifieraient une entreprise si surprenante. »

Pendant des mois, la presse discute dans les hebdomadaires et dans les revues les avantages et les inconvénients de ce projet. Il séduit le Japon au moins autant qu'il lui déplaît.

Les partisans de l'envoi de troupes résument leurs thèses en chapitres :

« Nous amènerons plus promptement la soumission de l'Allemagne et nous accomplirons la parole impériale. Nous empêcherons que l'Allemagne se venge sur nous par la suite. Nous nous attirerons les sympathies de l'Europe. Nous obtiendrons peut-être une alliance qui assurera notre complète sécurité et la paix du monde. Nous affirmerons les positions que nous avons conquises. Nous obtiendrons le règlement de la question de Chine. Nous aurons servi la cause de l'humanité. Les neutres nous seront reconnaissants d'avoir abrégé les difficultés commerciales et économiques dont ils souffrent. Nous obligerons les Blancs à modifier leurs procédés à l'égard des Jaunes. » (*Yamato*, *Yorozu*, *Seki*, *Revue diplomatique*, *Chuo-Koron*.)

Certes, le Japon moderne se vante d'allier beaucoup de sagesse positive à l'ancien esprit chevaleresque des samouraï. Et ce ne sont assurément, ni la précision, ni l'appétit qui manquent dans ces menus où chacun précise les conditions qu'il conviendra d'exiger tout d'abord de la Quadruple Entente avant que d'embarquer un seul soldat pour l'Europe. Du moins une préoccupation commune revient-elle sous toutes les plumes. Elle témoigne d'un souci de dignité qui inspire le respect.

« Si l'Angleterre et ses alliés, » dit notamment, dans un de ses éditoriaux, la Revue *Chuo-Koron*, « abolissent dans leurs possessions le traitement spécial qu'ils ont jusqu'ici réservé à nos compatriotes, la morale humaine aura fait un progrès immense. Pour atteindre un tel résultat, notre Japon, de son côté et en retour, pourrait faire un sacrifice immense. La question de race sera en effet le plus périlleux des problèmes de demain. Si, pour le résoudre, on peut profiter des circonstances actuelles, on aura écarté du champ des conflits un des dangers les plus redoutables qui menacent le Monde. »

L'Allemagne, si maladroite au milieu de ses habiletés et de ses prodigalités d'argent, a été surprise quand elle a vu que le Japon lui rompait en visière. Elle le croyait lié à elle par les bénéfices qu'il a tirés de sa « Kultur ». Elle a la mémoire trop courte. N'est-ce pas le Kaiser qui a « proclamé devant le monde le *péril jaune*, inauguré ce mouvement inhumain qui a été, pour le Japon, une cause de grands désavantages et de profondes humiliations ». *(Revue diplomatique.)* Ce sont là des fautes qui se paient, sur la terre et sur la mer. Les puissances qui, dans l'avenir, désireront nouer avec le Japon des rapports d'amitié durables agiront sagement en tenant compte de ces justes susceptibilités.

Le fait est qu'il y a une part importante d'affection pour la France dans le mouvement qui a occupé l'attention des Japonais, du mois de novembre 1914 à la fin de mars 1915, et que l'on nomme ici « la question des volontaires ».

J'ai sous les yeux un article du *Jiji* qui conte les

origines de cet élan (12 septembre 1914). Des Japonais éminents, dont on donne les noms, membres du Parlement, officiers de l'armée, personnalités de marque, ont formé un comité afin d'étudier les moyens de coopérer militairement en Europe avec les Alliés. Ils ont ouvert une permanence dans un des principaux hôtels de Tokio. Ils poussent leur propagande. L'esprit de cette initiative est précisé dans de nombreuses entrevues :

— Il s'agit d'exprimer aux Alliés la sympathie du Japon. Cette sympathie a un caractère national. Pour réussir, l'appui du gouvernement est nécessaire. On veut recruter les volontaires dans le premier et dans le second ban des réservistes. D'autre part, le gouvernement seul peut fournir des armes et des transports.

Il est question d'embarquer vingt-quatre bataillons d'infanterie, vingt-quatre compagnies d'artillerie, une centaine de canons. On a calculé le chiffre de tonnes, le nombre de millions de guerre qui seront dépensés dans l'occasion, le nombre de jours qui séparent ces volontaires de la ligne de feu.

Il y a parmi les dirigeants de l'armée des officiers supérieurs qui ne sont pas hostiles à l'entreprise. Le général Shiba, chef du bureau militaire, déclare :

— L'envoi dépend de l'ordre de l'Empere A

mon point de vue personnel, je ne vois pas d'obstacle au projet.

Naturellement, une telle décision a des adversaires, mais la note dominante est l'approbation. Un meeting tenu à Seiyoken a un grand succès. Même enthousiasme populaire au meeting de Kabukiza. Ici et là, les thèmes des discours sont sensiblement les mêmes :

— La prise de Tsin-Tao n'a pas terminé la guerre du Japon avec l'Allemagne. C'est une « chance dorée » qui nous est offerte de révéler nos supériorités militaires. L'esprit dont s'inspire cette collaboration est le même qui anima Lafayette, Byron, Garibaldi.

Les promoteurs de l'entreprise se croient sûrs du succès. Brusquement, un torrent d'eau glacée tombe sur leurs enthousiasmes. Une dépêche est envoyée de Petrograd. Par qui? Le *Nichi-Nichi* la reproduit. Elle dit :

« On exprime ici des doutes quant aux avantages que présenterait l'envoi d'une troupe de volontaires japonais sur le terrain de la guerre européenne... Plongés dans les armées régulières, ces volontaires seraient comme une note discordante. La guerre balkanique a démontré l'insuccès de ces tentatives. Ce n'est pas le bon moyen de mettre la valeur japonaise en évidence devant le monde. » (22 janvier 1915.)

Au début de mars, les promoteurs du mouvement publient un rapport. Leur déception y perce. La police les a officiellement avisés qu'ils devaient renoncer à leur propagande. Elle est considérée comme dangereuse pour la paix et pour l'ordre public. Naturellement, on désire des explications. On va trouver le ministre de l'Intérieur, puis le comte Okuma.

Le Président du Conseil répond :

— Vous avez demandé des réservistes et des armes? Les autorités militaires refusent leur concours. Dans le temps de guerre où nous sommes, elles ne veulent pas affaiblir leurs ressources en hommes. Pour les armes, les surplus dont on disposait ont été vendus aux Alliés. Il y a donc impossibilité.

Il ne reste plus aux promoteurs qu'à informer les volontaires qui déjà se sont enrôlés, de l'insuccès de leur tentative. Ces Japonais sont trop disciplinés pour rappeler qu'ils ont cru obéir à une indication de l'Empereur. On précise seulement, — et ce détail, certes, est fait pour nous toucher, — que la liste des engagements, le détail du projet, seront communiqués au gouvernement français. Et c'est tout.

Qu'est-ce donc qui s'est passé? Ou qui ne s'est point passé?

CHAPITRE XIV

LA COLLABORATION MILITAIRE DU JAPON. LE JAPON N'A PAS VOULU

Les Japonais sourient quand on leur dit que sous la redingote moderne et l'uniforme à l'européenne, ils ont conservé l'esprit chevaleresque des samouraï. Cet enivrement, qui n'est point sans quelques rapports avec le don-quichottisme, subsiste en effet chez eux ; mais il alterne avec un bon sens très rassis et qui rendrait des points à la prudence de Sancho Pança.

Ces deux dispositions se sont manifestées, entrecroisées, combattues, pendant ces mois de fièvre où la question d'un envoi de troupes en Europe était l'objet de toutes les conversations. Il y avait des heures où les Japonais n'en distinguaient que les avantages. Il y en avait d'autres où ils n'en percevaient plus que les difficultés.

La première interrogation des gens qui, disaient-ils, ne voulaient point s' « emballer » a été cet examen de conscience :

— Si c'est notre devoir de nous porter à l'aide

de nos amis, la question est entendue. Mais est-ce bien notre devoir?

On a relu les traités, les textes d'ententes. On n'y a pas trouvé la trace d'une obligation.

« Raisonnons avec notre sens commun. C'est une bonne règle de ne pas chercher un profit qui dépasse les ressources dont on dispose. Un petit homme doit se contenter de petits gains. Certes, le Japon gagnerait en prestige s'il aidait les Alliés à battre les Allemands. Mais est-il à la hauteur de cette tâche? Dispose-t-il de l'argent, des ravitaillements qui sont nécessaires pour soutenir ses soldats sur une terre étrangère? Suggérer que les soldats japonais seraient payés et nourris par les Alliés est une idée insupportable à la dignité de l'Empire. Notre Souverain ne vend pas à prix d'argent le sang de ses sujets. » (*Yomiuri*, décembre 1914.)

La *Revue de la Guerre* publie une suite d'articles où se réfléchissent les sentiments des hommes techniques.

Le général vicomte Soga qui, en récompense de ses hauts services, fut, un temps, précepteur militaire du Prince Impérial, dit :

— Il nous faudrait envoyer de 300 000 à 400 000 hommes. C'est un effort auquel je suis opposé. Il y a des difficultés d'argent, de climat, de mœurs. Pour remplacer nos malades et nos blessés, il nous faudrait porter notre envoi à 500 000 hommes. Un effort plus considérable que notre guerre russe ! Ce serait jouer la force du pays.

Un autre général expose :

— Certes, si le Japon envoyait dix divisions en Russie, la Russie serait en état de porter à l'Allemagne un coup terrible et sa position en deviendrait très forte. Aurions-nous à nous en féliciter au point de vue politique et au point de vue stratégique ?

Si, d'autre part, je groupe les confidences que m'ont apportées des officiers japonais, je constate que deux courants circulent au Japon dans les milieux militaires. La jeunesse, qui ne s'est pas battue en Asie, voudrait donner sa mesure. L'aventure la tente. Le haut commandement, au contraire, réfléchit que la guerre actuelle se fait sur la terre, sous la mer et dans l'air, avec des moyens nouveaux dont le Japon est encore insuffisamment outillé. On ne voudrait pas risquer le grand nom que les armées japonaises ont acquis dans une occasion où les circonstances pourraient les empêcher de paraître avec tous leurs avantages.

Je dépouille les dossiers que forment tant d'articles montés à la surface de l'opinion publique en des heures de polémique ardente. Certes, on doit s'incliner, quand, pour refuser leur concours, les Japonais invoquent ce qu'ils croient être l'intérêt bien entendu de leur nation. Mais il arrive que de l'ironie se mêle à ces refus. Sans doute, l'Allemagne a compté dans ces contempteurs des Alliés, des clients qui n'étaient peut-être pas entièrement désintéressés. Elle a connu aussi des admirateurs de sa force. Ils escomptent encore son succès final et craignent sa vengeance.

« Supposons, écrit un leader de la *Revue diplomatique*, que l'Allemagne soit complètement écrasée, certains pays pourront alors se tourner librement vers l'Extrême-Orient. N'oublions pas que l'ami d'aujourd'hui est souvent l'adversaire de demain. » (Janvier 1915.)

M. Tokutomi, membre de la Chambre-Haute, un homme d'une intelligence supérieure et d'un grand talent de polémiste, est encore plus précis. Il lui est arrivé de parler de l'Alliance anglo-japonaise dans des termes qu'il vaut mieux ne pas reproduire, même à titre de document. (*Kokumin*, février 1915.)

On le sent, d'ailleurs, les questions de politique intérieure, les passions que déchaîne l'approche des élections générales interviennent pour obscurcir un débat qui aurait demandé plus de recueillement.

Un secret court les rues : le gouvernement, que préside le comte Okuma, veut que le Japon soit fort pour soutenir ses demandes à l'heure de la rétribution. Ce désir est inspiré par un patriotisme éclairé. Il a porté le gouvernement à accroître l'armée de deux divisions, sans demander l'agrément de la Diète. Pour payer les frais de cette organisation nouvelle il a fallu recourir à des virements. On serait au bout de ces ingéniosités. Pour se tirer d'affaire on aurait découvert ce moyen inespéré : appuyer le projet d'une collaboration militaire avec l'Europe. Un tel effort justifierait amplement la création de deux divisions et ferait, tout naturellement, incorporer dans le nouveau budget des dépenses qui déjà sont effectuées.

La vérité est que l'envoi de troupes en Europe a eu au Japon un adversaire décidé et irréductible, l'ancien ministre des Affaires étrangères du cabinet Okuma, le baron Kato, qui fut ambassadeur du Japon à Londres. Je trouve, dans la *Revue diplomatique*, le résumé d'une interpellation dans laquelle le baron Kato, attaqué par l'opposition, a levé un coin de voile sur les négociations qu'il a ouvertes avec les Alliés au sujet de cet envoi de troupes :

« Kato a dit à la Diète : « Les Alliés n'ont pas « fait de demande et je crois qu'ils n'en feront pas. » Il se contente de dire : « Pas de demande », sans préciser sa pensée. Que fera-t-il si l'Angleterre et ses alliés adressent une demande officielle? Peut-être ne présenteront-ils pas cette demande. Les grands pays tiennent à la « face ». Kato a eu l'habileté d'esquisser la réponse. Il est regrettable que les interpellateurs d'hier n'aient pas insisté. » (15 janvier 1915) (1).

(1) Le traité, auquel il sera fait allusion plusieurs fois au cours de ces pages, a été signé entre l'Angleterre et le Japon le 30 janvier 1902. Il n'envisageait d'abord que la protection des droits et des intérêts des deux Puissances contractantes en Corée et en Chine pour le Japon, en Chine pour l'Angleterre. Il a été revisé et élargi en 1905. Les clauses nouvelles signées à Londres par MM. Lansdowne et Hayashi, le 27 septembre 1905, portent que l'alliance entre les peuples a pour but de sauvegarder et de consolider la paix générale en Extrême-Orient et aux Indes, de maintenir l'indépendance et l'intégrité de la Chine, de protéger les droits territoriaux des hautes parties contractantes en Asie Orientale et dans l'Inde, de défendre leurs intérêts spéciaux dans ces régions.

L'article principal du traité est conçu en ces termes :

« Si, par suite d'une attaque non provoquée ou d'une action agressive, quel qu'en soit le lieu d'origine, de la part d'une ou de plusieurs Puissances, l'une des Parties Contractantes se trouvait entraînée dans une guerre pour la défense de ses droits territoriaux ou de ses intérêts spéciaux mentionnés dans le préambule du traité, l'autre Partie Contractante se porterait immédiatement au secours de son alliée et les deux Parties conduiraient la guerre en commun et concluraient la paix d'un commun accord. » (Voir à ce sujet un article de M. Lemoine, *le Correspondant*, 28 février 1918.)

CHAPITRE XV

UNE VISITE AU BARON KATO

J'ai bien envie d'aller poser au baron Kato la question que les interpellateurs de la Diète n'ont pas formulée. Je le désire d'autant plus que je viens de relire avec un japonisant de marque les commentaires que le baron Kato a donnés lui-même sur ce point si délicat. Il dit entre autres, dans le *Yomiuri :*

— Je n'ai pas reçu de demande de la diplomatie alliée. Quant à un effort stratégique exécuté en commun, c'est une chose différente et secrète. Je crois, du reste, qu'il n'y aura pas d'envoi de troupes dans le futur.

Les deux propositions : « Je n'ai pas reçu de demandes, » et : « Je crois qu'il n'y en aura pas, » sont, dans tous les journaux, exprimées dans un japonais très clair et dans des termes sans variantes. Entre ces deux propositions, j'en relève dans plusieurs journaux une troisième. Elle exprime la possibilité d'une « collaboration ailleurs ». L'obscurité des termes et de la tournure sont en contraste, sans doute volontaire, avec la netteté du reste.

Voici plusieurs mois que le baron Kato est descendu du pouvoir. La minute est favorable pour lui demander un éclaircissement.

Lorsque dans le monde politique de Tokio on vient à prononcer le nom de ce diplomate, les gens informés déclarent :

— Le baron Kato est un homme de demain.

Ce très grand Japonais est un type d'indépendant. Il est indépendant par sa fortune, par ses goûts, par une haute culture historique et littéraire. Elle lui permet de juger de la politique étrangère du point de vue japonais aussi bien que du point de vue européen. Mes amis d'Angleterre m'ont donné pour lui des introductions précieuses.

Les Japonais, qui ont conservé un goût oriental pour les politesses préparatoires et charmantes dont s'enveloppe tout entretien, reprochent volontiers au baron Kato d'aborder d'emblée le sujet dont il veut parler et de clore la conversation quand il a formulé ce qu'il avait dans l'esprit. Le fait est que la réception de ce diplomate ressemble tout à fait à l'accueil d'un homme d'État anglais. Le décor de sa demeure fait penser, d'autre part, à la bibliothèque de M. Bonar Law. En revanche, tous les objets d'art sont d'origine française. Voici, sur le mur, le *Napoléon* de Meissonier, sur une console un bronze équestre de Louis XIV.

J'imite la franchise de mon interlocuteur. Je lui dis tout de go qu'en France les gens bien informés lui attribuent l'échec d'un projet dont la presse et la rue avaient, chez nous, parlé avec faveur.

Il me répond sans contrainte :

— Le premier devoir d'un homme d'État est de considérer d'abord et exclusivement les engagements et les intérêts de son pays. Nous avons une alliance avec l'Angleterre. Avons-nous souscrit aux obligations qu'elle comporte?

Avec sa calme chaleur, M. Kato répond lui-même à la question qu'il pose :

— En Europe, dit-il, on sait mal l'importance des services qu'en Extrême-Orient notre flotte a rendus à la cause des Alliés. Quand l'heure de l'Histoire aura sonné, on connaîtra quelle a été sur ce terrain l'efficacité de notre action (1). Le grand

(1) Cette coopération du Japon a débuté par un envoi de 30 000 hommes dirigé contre la concession allemande du Chan-tong. Les trois premières escadres de la Marine japonaise, aidées de quelques unités de la flotte britannique, ont bombardé du large la ville et la baie de Kiao-Tchéou. La forteresse s'est rendue le 7 novembre 1914. D'autre part, les Japonais se sont attaqués aux possessions que les Allemands avaient acquises en Polynésie. Du 6 au 15 octobre ils ont occupé Jaluit, les Mariannes, les Marshall et le groupe des Carolines. Les flottes anglo-japonaises ont concouru à chasser du Pacifique et de l'Océan Indien les navires ennemis qui les parcouraient encore. Les escadres japonaises n'ont jamais cessé d'assurer la police des mers dans les parages d'Extrême-Orient. Quand la campagne sous-marine allemande est devenue plus intense, l'Amirauté

effort naval qui a été imposé à l'Angleterre lui laissait, de ce côté-ci du Monde, des moyens limités. Certainement elle nous sait gré de la façon dont nous avons donné. Nos navires de guerre étaient présents tout à la fois dans les eaux de Wladivostock, dans les eaux chiliennes et dans la mer océanienne. C'est nous qui avons convoyé les transports qui apportaient en Europe les troupes australiennes. Peut-être on aurait souhaité que nous fussions représentés dans l'action navale qui a été poussée aux Dardanelles. Mais nous avions, toute fraîche dans la mémoire, l'expérience de l'attaque de Tsin-Tao. Nous avions constaté ce jour-là qu'un bombardement effectué de la mer contre une ville ou une côte ne produit pas de résultats décisifs si une action militaire en terre ferme ne l'accompagne pas.

Britannique a demandé au ministère de la Marine japonais un concours plus étendu. Des sphères d'action respectives ont été délimitées d'un accord commun. A la fin de 1916, une escadre japonaise, sous la direction du contre-amiral Oguri, a reçu la mission de patrouiller du nord au sud de l'Océan Indien; une autre, conduite par le vice-amiral Yamaji, devait croiser dans l'Atlantique. En février 1917, le contre-amiral Satô s'est porté dans la Méditerranée avec une flotte de croiseurs et de contre-torpilleurs, afin de protéger les transports alliés contre les attaques de sous-marins. Un de ces navires japonais, le croiseur *Sakaki*, a été torpillé en Méditerranée le 12 juin 1917. (Voir à ce sujet un article de M. Cl. Lemoine, *le Correspondant*, 25 février 1918.)

Ce sont des raisons toutes pareilles et de froid bon sens qui ont déterminé le baron Kato à se mettre en travers du courant d'opinion japonais qui, un instant, s'est manifesté en faveur d'une coopération militaire sur le terrain européen avec les Alliés.

— Je ne vous rappelle que pour mémoire, me dit le baron Kato, les difficultés d'exécution matérielle qui nous empêchent de transporter cinq cent mille hommes en Europe, de les ravitailler, de les renforcer, de les nourrir à la japonaise. A supposer qu'il nous soit possible d'expliquer à notre peuple que ses fils doivent être envoyés si loin de leurs foyers, en dérogation de la loi qui dit que la conscription a pour but d'assurer la défense même du pays, reste la question d'argent. Il est inadmissible que nous nous mettions en route sans assumer rigoureusement les frais de l'expédition. Notre dignité nationale ne nous permet pas d'accepter que les Alliés paient d'une façon quelconque cette contribution de notre sang. J'ai donc donné mon avis là-dessus, dès la première minute, et avec une franchise entière. Depuis je n'ai pas varié.

Des Japonais qui sont très mêlés aux milieux politiques et diplomatiques de Tokio m'ont dit :

— Si l'an dernier les trois Alliés avaient apporté au ministère Okuma une demande ferme et associée, s'ils avaient précisé les conditions, non point d'argent, mais de qualité matérielle et morale, qui auraient répondu avec exactitude aux aspirations bien connues du Japon, la question d'une collaboration militaire avec les Alliés aurait pu aboutir. Peut-être en ce cas le ministère Okuma et M. Kato lui-même auraient-ils trouvé les couleurs dont ils avaient besoin pour présenter au peuple japonais l'opportunité d'un tel sacrifice.

A ma question directe, le baron Kato répond avec mesure :

— A supposer que l'initiative d'une telle proposition appartînt tout d'abord à la Puissance alliée du Japon, c'etait certainement le devoir d'un ministre des Affaires Étrangères d'user des relations d'amitié qu'il entretenait avec les dirigeants de la politique anglaise pour éviter qu'on lui posât officiellement une question à laquelle il ne croyait pas que l'intérêt de son pays lui permettait de répondre d'une façon satisfaisante.

Si j'essaie de traduire ces nuances en langue vulgaire, si je joins les informations recueillies ici à celles que j'ai apportées de Londres, je conclus :

Lorsque le Foreign Office, peut-être pressenti par nous, a demandé au ministère Okuma à quel prix le Japon mettait sa collaboration efficace en Europe, on lui a répondu :

— A un prix de sentiment et de dignité. Puisque vos alliés et vous-même vous nous jugez dignes de venir mêler notre sang au vôtre sur les champs de bataille de l'Europe, vous ne nous opposerez plus, désormais, ce préjugé de la race jaune qui nous blesse si fort. Vous savez que votre Dominion du Canada et votre Colonie Australienne nous l'opposent comme une infranchissable barrière. Vous obtiendrez d'eux qu'ils renoncent à cette injuste exclusion. Après cela les États-Unis seront conduits à un mouvement de résipiscence et ils se verront contraints de vous imiter. Mais quoi? Vous nous dites que le Canada et l'Australie sont libres de fermer leurs portes comme il leur plaît? Vous ajoutez que la minute où ils vous assistent si librement, si généreusement, serait mal choisie pour chercher à peser sur l'indépendance de leurs décisions? Nous sommes de votre avis. Mais après cela il vous faut partager le nôtre. Aucun Parlement, vous le comprenez, ne consentirait à soutenir un cabinet qui viendrait lui dire : « Donnez-nous cinq cent mille soldats. On les trouve bons pour se faire tuer sur le champ de bataille pendant la guerre, on ne les trouve pas bons pour collaborer sur le champ de la paix aux heures du travail. »

Cette impeccable argumentation laisse au Japon le beau rôle. S'il n'est pas venu à notre aide, c'est que nous n'avons pas voulu de lui aux seules conditions que sa dignité pouvait accepter. Ajouterai-je qu'un peu de malice se mêle à tout cela? On ne courait aucun risque à témoigner de l'enthousiasme pour une intervention armée qui, pour des raisons trop connues, ne devait pas aboutir à un embarquement.

Restait à pressentir le baron Kato sur ce projet d'un envoi de volontaires dont l'idée a été pendant quelques semaines si populaire au Japon.

— Ce n'est là, me déclare M. Kato, qu'un expédient de valeur sentimentale. Il n'est intéressant ni pour vous, ni pour nous. Quelques milliers d'hommes ne vous apporteraient pas un appui en proportion avec l'effort de l'envoi. Et, d'autre part, nous pouvions craindre que cette initiative ne tournât pas à l'honneur du Japon. Sur un si lointain champ de bataille, ses soldats n'apparaîtraient pas dans des conditions favorables.

M. Kato traite ce projet d' « expédient sentimental ». Je demande la permission d'ajouter qu'il est, par surcroît, un « expédient diplomatique ». On ne peut pas offrir à une certaine opinion européenne l'importante expédition qu'elle souhaite? On lui en laisse espérer une petite. Cela donne aux initiateurs du projet une satisfaction d'apparence qui les tient en haleine. Le jour où, pour les sages raisons que M. Kato indique, il faut renoncer même à cette venue, la déception est moins vive. Les Machiavels de tous les temps ont indiqué que, dans l'application, avec un peu de savoir-faire, cette sage méthode donne des résultats constamment satisfaisants.

Au moment où nous nous séparons, le baron Kato tient à constater que les rapports de la Russie et du Japon gagnent tous les jours en sincérité et en cordialité.

— A supposer, me dit-il, qu'au moment de la guerre les Russes aient eu une seconde d'appréhension, ils sont, à l'heure qu'il est, pleinement rassurés. Ils en sont sûrs : leurs embarras ne nous offriront pas d'occasion dont nous serions tentés de profiter. Quant à la France, elle ne saura jamais assez en quelle admiration nous la tenons. Elle donne au monde l'éclatant spectacle des vertus qu'à travers notre histoire nous honorons par-dessus tout.

CHAPITRE XVI

LE COMTE OKUMA

Les rapports de cordiale confiance que j'ai noués avec le comte Okuma, au cours de mon séjour à Tokio, demeureront parmi les souvenirs les plus précieux que j'emporterai du Japon.

Le comte Okuma (1) est né dans la partie méridionale de l'Empire, la plus pénétrée, peut-être, par les croisements de race chinoise. Je me garderai de dire que le grand vieillard, qui domine presque tous ses contemporains et ses compatriotes par l'élévation de sa taille et aussi par la générosité de sa pensée, m'est apparu comme un hybride, en qui les qualités des deux nations jaunes se fondraient de façon heureuse. Un étranger n'a pas qualité pour préciser ces nuances; tout au plus, peut-il les indiquer en passant.

Le fait est que le comte Okuma se révèle aux Japonais eux-mêmes sous la figure de leur Cicéron. Il a tous les pouvoirs et toutes les séductions de

(1) Aujourd'hui Marquis.

l'orateur. Il aime à s'élever sur ces hauteurs d'où l'on aperçoit l'Histoire à vol d'oiseau. Il possède une connaissance profonde de toutes les grandes aventures qui, à travers le déroulement des siècles, — et tant de convulsions, — ont donné à l'Europe les apparences qu'elle avait avant la guerre. En philosophie, cet homme d'État se révèle un stoïque. Il fut, il y a quelques années, la victime d'un attentat politique. Un illuminé lui jeta une bombe. Elle le blessa si grièvement que l'on dut l'amputer d'une jambe. Il s'est opposé à ce que son meurtrier fût condamné à mort. Il a déclaré :

— Eh quoi? On m'a enlevé une jambe?... Il m'en reste une !... C'est bien assez pour ce que j'ai à faire.

L'assassin n'a pu accepter tant de générosité du fait d'un adversaire... Il s'est suicidé.

Le Président du Conseil me fait l'honneur de me recevoir pour la première fois à la minute même où le Japon signe à Londres l'engagement de refuser à l'Allemagne toute paix séparée (29 octobre 1915). Il me découvre sa pensée avec une attrayante loyauté.

— Dans cette guerre, dit-il, la France, champion de la civilisation, l'Angleterre, la Russie, le Japon, voient dans les Allemands des ennemis de l'humanité, du progrès et de la liberté. C'est la lutte du militarisme contre le pacifisme. En novembre dernier, on a parlé chez nous et chez vous d'une participation militaire du Japon aux opérations d'Europe. Pour cela il aurait fallu vous envoyer quatre cent mille soldats, en sacrifier au minimum deux cent mille, et puis les remplacer par deux cent mille autres. Nous n'avions pas à notre disposition les transports nécessaires pour effectuer une opération de cette envergure. Il nous aurait fallu mobiliser une flotte d'une jauge globale de deux millions de tonnes. Or, en additionnant toutes les ressources de nos transports commerciaux, nous aboutissons bien juste à un million de tonnes. En face de ces chiffres, l'Angleterre et la Russie ont compris l'impossibilité de l'opération.

« Ceci n'a rien à voir avec la vivacité de nos sympathies. Nous souhaiterions apporter à la France, au moins notre collaboration financière, et, peut-être, ainsi, hâter la fin de la guerre. Le Japon, vous le savez, n'est pas une grande puissance financière. Il dispose pourtant à cette heure de notables ressources. Je vous conseille de parler de cette question avec notre financier national, le baron Shibusawa. Il vous dira que nous venons de couvrir deux fois un emprunt d'État de trente millions de yen (1). Cela rendra probablement dif-

(1) Le yen, au cours d'octobre 1915, vaut 2 fr. 58.

ficile l'émission d'un grand emprunt. Mais pour prouver à la France notre sympathie, nous serions heureux de lui donner un concours, même modeste.

« L'impossibilité où nous sommes d'envoyer des troupes en Occident ne nous empêche pas d'offrir à nos alliés notre appui naval et militaire. Nos arsenaux sont mobilisés comme en temps de guerre. Nous assumons, d'autre part, le rôle de sentinelle en Extrême-Orient. Nous empêchons vos ennemis de soulever les peuplades musulmanes et belliqueuses qui pourraient tenter de mettre vos embarras à profit. Nous veillons encore pour que le Transsibérien, qui nous sert à ravitailler les Russes, ne soit pas entamé.

« Au moment du départ de M. Delcassé, nous travaillions, d'accord avec le quai d'Orsay, à étendre à l'Indo-Chine l'application de la convention franco-japonaise. Ce serait là un acte à l'avantage des deux pays. Il serait utile que ces négociations fussent activement poussées.

« Quant aux principes qui guident toute l'action japonaise, je les définis en deux lignes : pendant que nos alliés se battent, nous ne permettons pas qu'on les attaque par derrière. »

De toutes les courtoisies dont le comte Okuma m'a favorisé, la plus précieuse est l'honneur qu'il me fait de m'inviter, dans sa maison d'été, au déjeuner officiel où il réunit les ambassadeurs de

France, d'Angleterre, de Chine et quelques ministres étrangers, récemment accrédités à Tokio.

Je me hâte de dire que le stoïcisme du comte Okuma est une rigueur qu'il réserve pour soi-même. Il met de la coquetterie à traiter ses hôtes en épicurien délicat. Cette maison d'été où il nous reçoit est pleine d'inestimables trésors. On est enveloppé par des paravents qui ont été peints il y a huit cents ans. Si l'on regarde par la fenêtre, on entrevoit des jardins qui sont un décor de rêve. Les serres d'orchidées, les cultures de chrysanthèmes du comte Okuma sont célèbres au Japon où la fleur est, après le souverain, la seule puissance qui n'ait pas un athée.

Dans l'entretien particulier dont le comte Okuma m'honore après le repas, il revient spontanément sur les raisons qui l'ont empêché de donner une suite au projet esquissé d'une intervention militaire des Japonais en Europe. Si je note le fait, c'est qu'apparemment cette insistance témoigne, chez le Président du Conseil, d'un désir évident de dissiper jusqu'à l'ombre d'un malentendu :

— Nous étions placés, me dit-il, en face d'un projet extraordinaire, tel que le monde n'en a jamais vu. Pendant la guerre de Crimée, — elle a duré trois ans, — on a transporté cent mille hommes en tout. Pendant la guerre de Chine, — elle a duré deux ans et demi, — on n'a pas remué plus de vingt-cinq à trente mille hommes. Que sont ces chiffres en regard de l'effort qu'il nous aurait fallu consentir pour vous aider, sur vos fronts européens, à combattre le débordement des Allemands?

Et, avec un sourire où perce un peu de coquetterie, le comte Okuma conclut :

— Comme nous sommes loin de l'Allemagne du Grand Frédéric... De l'Allemagne de Voltaire !

Je suis informé de l'intérêt passionné que le comte Okuma prend aux questions d'instruction et d'éducation. Il a fondé et continue de contrôler le collège de Waséda, qui est une façon d'université privée. Je me souviens, d'autre part, qu'il y a quelques années il a fait à un universitaire français très distingué, M. Belessort, une réponse caractéristique.

Notre compatriote lui avait demandé :

— Pourquoi orientez-vous toute votre jeunesse du côté des universités allemandes?

Le comte Okuma avait riposté :

— Les jeunes gens que nous envoyons en Allemagne y deviennent des chimistes, des médecins, des savants techniques, sans plus. Ils conservent intacte la mentalité japonaise qu'ils avaient emportée de chez nous. Ceux qui vont étudier en France ne s'instruisent pas seulement dans des technicités particulières ; leur esprit se modifie. Il se transforme au contact du vôtre. On nous rapporte de chez vous un esprit critique. Il s'en prend à tout, institutions, traditions, politique. Or, à une minute où nous faisons une évolution si rapide, cette indépendance des jugements particuliers n'est pas sans inconvénient.

Je profite de ce que le comte Okuma vient de citer le nom de Voltaire et de ce qu'il se déclare avec une parfaite sincérité l'ennemi des fruits modernes que l'on récolte dans le champ de la « Kultur », pour lui demander s'il n'a pas perdu quelque chose de ses préventions contre nos Universités et nos Écoles.

Il sourit encore une fois et il répond :

— Les préférences personnelles de mon esprit vont à la civilisation latine. Je crois qu'il est utile que les jeunes générations japonaises qui arrivent à la pensée et à l'action aillent en plus grand nombre que jamais communier avec vous, dans un idéal qui aboutit aux espérances de la paix pour le monde, c'est-à-dire aux chances d'un progrès supérieur pour l'Humanité générale. Je sais que vous avez été invité par notre « Club de la Noblesse » à traiter prochainement ce sujet de la culture française, sous les auspices de la Société franco-japonaise. Mon ministre des Affaires étrangères assistera à cette réunion. Vous le convaincrez, j'en suis sûr, et moi, sans doute, au travers de lui.

CHAPITRE XVII

AVÈNEMENT D'EMPEREUR

Je constate, après beaucoup de lectures, que, nous autres Européens, nous nous formons une idée assez vague du peuple japonais, de sa vie sociale, religieuse et politique. La circonstance si exceptionnelle d'un couronnement d'Empereur est pour nous tous une occasion précieuse d'apprendre, sans fatigue et par l'image, ce que nous sommes très excusables d'ignorer.

Les Japonais eux-mêmes n'ont aucune connaissance vraiment scientifique de leur histoire. L'origine de la succession au trône remonte à la déesse Amatérasu-o-Mikami, ancêtre des Empereurs du Japon. Encore aujourd'hui, on trouve le nom de cette personne divine mentionné en tête de l'annuaire, que nous appellerons, si vous le voulez, le « Tout-Japon ». A sa première page il mentionne la liste complète des défunts empereurs. A la suite, défilent les noms des notoires Japonais d'aujourd'hui, avec les numéros de leurs abonnements téléphoniques.

D'une conférence à laquelle je viens d'assister, il ressort que cette Déesse du Ciel qui envoya son petit-fils prendre possession de la terre japonaise, pourrait bien symboliser une immigration de race malaise qui vint de Polynésie, de ces terres à fruits et à fleurs, vraiment paradisiaques, dont Honolulu est un heureux échantillon. Bien entendu, le très savant Japonais, formé dans des universités étrangères, qui au fond de sa pensée nous laisse entrevoir cette possibilité, ne la précise point. Au moment même où, pour la première fois, on va célébrer en face des représentants des Puissances étrangères l'avènement au trône de S. M. l'Empereur, la Tradition japonaise nipponne s'interroge avec angoisse. Elle se demande si elle découvrira sa foi, telle quelle, aux Européens qu'il lui faut convier à ces cérémonies, ou si elle leur présentera toute cette solennité à travers le voile d'explications symboliques. On n'ose pas entrer dans cette voie de l'interprétation. La religion de l'Empereur, considéré comme Dieu et fils de Dieu, est le fondement de la famille, de la société et de la morale japonaise. On se dit, sans doute fort sagement, que si l'on n'avoue pas devant des étrangers ce dogme fondamental, on s'expose à ce que, dans les années qui vont venir, une jeunesse impatiente de vérité réclame son droit à la critique historique intégrale.

Voici donc en quels termes le protocole japonais annonce aux invités de S. M. l'Empereur les rites de la cérémonie solennelle de l'avènement au trône. Je cite ce texte sans y changer un iota, car l'on devine que les termes en ont été pesés avec de laborieux scrupules :

« La cérémonie de l'Intronisation des Empereurs du Japon, dont l'origine remonte à 2575 ans, se célébra pour la première fois au Palais de Kashiwabara, dans le Yamato, lors de l'avènement de l'Empereur Jimmu. Elle fut célébrée depuis par tous les Empereurs qui Lui succédèrent.

« L'origine de la succession au Trône du Japon remonte à la Déesse Amatérasu-O-Mikami, Ancêtre des Empereurs du Japon, qui adressa à Son petit-fils Ninigi-no-Mikoto le discours suivant : « Le Toyoashiwara-no-Mizuhonokuni (ancien nom « du Japon) est la terre où Mes descendants de- « vront occuper souverainement le trône, dont la « grandeur et la puissance seront éternelles. » En même temps, Elle lui remit trois Trésors Sacrés : le Miroir-Sacré (Yatano-Kagami), le Sabre-Sacré (Ame-no-Murakumo-no-Tsurugi), et le Joyau-Sacré (Yasakani-no-Magatama). « Ces Trésors, lui dit- « Elle, sont les Signes de la Dignité Souveraine ; « Tu les transmettras à tes descendants. Toi et tes

« descendants, vous considérerez ce Miroir comme « s'il était Ma propre personne. » Depuis lors la Dynastie Impériale n'a jamais cessé d'exister, les Empereurs se succédèrent régulièrement et sans interruption et ainsi arriva le Règne de l'Empereur Actuel. »

J'ai fait, ces jours-ci, une expérience qui m'a tout d'abord dérouté. J'ai demandé à plusieurs Japonais de bonne culture et qui parlent l'anglais couramment, de m'épeler le nom du souverain vers lequel se tourne à cette heure l'adoration de tout un peuple. Je ne dis pas que mes interlocuteurs ont été incapables de me fournir le renseignement orthographique que je sollicitais : aucun des trois ne connaissait le nom du souverain.

Au Japon, l'Empereur est simplement l'Empereur, comme Dieu est Dieu. Ce n'est pas une personnalité, encore moins un individu : c'est une « permanence ». Le défunt Mikado, qui a donné un exemple d'intelligence audacieuse en ouvrant à la civilisation européenne les portes de son royaume, s'appelait Mutsu Hito. Si, au Japon, vous prononcez ce nom-là, personne ne saura de qui vous parlez. En accédant au trône, Mutsu Hito avait pris l'étiquette de Meiji, qui n'est qu'une désignation chronologique de la période pendant laquelle il a régné.

De même, le souverain d'aujourd'hui, dont le nom est Yoshi Hito, sera-t-il inscrit un jour sur la liste des fils de la Déesse du Soleil sous la rubrique de Taisho. En 1900, il a épousé Sadako, quatrième fille du prince Kyiomichilaka. Il a trois fils. L'héritier vient d'entrer dans sa quatorzième année. Ainsi la succession des fils du Soleil est assurée. Et, comme le disait hier le ministre des finances, le baron Shibusawa : « La Maison Impériale continue d'apparaître au Japon ainsi que la source d'où découlent la justice, la vertu et la bienveillance. »

Effectivement, Yoshi Hito est monté sur le trône le 30 juin 1912. Il a reçu ce jour-là ses ministres, ses secrétaires d'État. Il a proclamé son règne et une « nouvelle ère de grande vertu ». Mais la déclaration n'en pouvait pas encore rayonner officiellement hors de l'enceinte du palais. L'étiquette exigeait que le deuil du Mikado défunt fût porté pendant une année, et cela nous a conduits jusqu'en 1913. Les rites du couronnement commandent, d'autre part, que cette cérémonie soit célébrée entre l'automne et l'hiver. On veut que la moisson du riz sacré, fraîchement recueillie, puisse être offerte, par le nouveau souverain, à l' « esprit de ses Ancêtres ». Les préparatifs du couronnement étaient commencés quand, au mois d'avril 1914, la mort de l'Impératrice douairière est survenue. Il semble que cette princesse ait été, tout de bon, une personne accomplie. Les regrets qu'elle a laissés dépassent les convenances et l'officiel. On ne trouve pas aujourd'hüi dans le public et dans la presse de meilleurs termes pour saluer l'Impératrice de demain que de dire : « Elle a pris la suite des pensées et des œuvres de l'Impératrice d'hier. »

Ce nouveau deuil a reculé les fêtes de douze mois. Enfin la date du 19 novembre 1915 a été fixée, et, depuis lors, tout ce qu'il y a de traditionnel dans l'esprit japonais, d'amour pour les rites qui soudent le présent au passé, les vivants aux morts, se tourne vers une cérémonie dont on n'a pas eu le spectacle depuis plus de quarante ans.

Les fêtes, dont chaque détail est réglé jusqu'à la minutie, commencent aujourd'hui 6 novembre, au matin, par une cérémonie à laquelle, bien entendu, nul étranger n'assiste. Elle a pour cadre les lieux les plus secrets du palais. Elle marque toutes ces fêtes de l'intronisation de leur véritable caractère qui est le culte des ancêtres. Le Japon d'aujourd'hui se dispose à adorer le Japon du passé. Les traditionalistes japonais admettent que, à l'origine de ces invocations, il faut voir la crainte de l'homme primitif pour les esprits des morts. On veut apaiser par les offrandes du boire, du manger et du vêtement, l'âme de ceux qui sont partis pour un monde mystérieux mais tout proche du nôtre.

Il s'agit ici d'un acte plus précis que le sentiment de piété filiale qui ramène les survivants, en tous pays du monde, vers les tombes de leurs défunts. On est en face d'un culte national, ce Shintoïsme qui prétend n'avoir rien emprunté à la Chine ni au Bouddhisme, et qui se considère comme un fait d'essence purement japonaise. Les manifestations de cette piété apparaissent ici dans des actes quotidiens. C'est d'abord, dans chaque maison, la prière devant l'autel familial. Il y a des occasions où ce culte dépasse l'adoration du père et de la mère disparus et remonte à tous les ancêtres de la famille. C'est alors le chef de ladite famille qui est l'officiant. A des intervalles plus espacés ce cercle de générations s'élargit et ce sont tous les aïeux d'un clan que le clan vénère. Le jour de l'intronisation, l'Empereur, Tête de la Nation, Grand Prêtre aussi bien que Souverain, adore les ancêtres vivants de la Nation entière. Il couronne ainsi cette pyramide qui a sa base dans chaque famille particulière et s'achève dans la personne de l'Empereur, Père de la Nation.

Le premier acte extérieur de la cérémonie est, ce matin, vers 6 heures, le transfert, à la gare de Tokio, de la Châsse sacrée qui, dans le palais impérial, occupe le centre du Saint des Saints. La relique, suivie par le Souverain (l'Impératrice, dont l'état de grossesse est avancé, ne pourra malheureusement point assister aux fêtes), part pour Kioto. Nous allons la suivre.

C'est le feu Mikado qui a voulu que Kioto fût désormais le théâtre de ces consécrations. Il avait été impressionné par le fait que les Tzars de Russie quittent Petrograd pour se faire sacrer dans l'ancien centre religieux à Moscou. Il a décidé que pareil honneur serait rendu à la vieille capitale, aujourd'hui désertée, à qui ces retours de solennité rapportent, pour un instant, le lustre d'autrefois.

L'attitude de la foule en face de cette Châsse balancée comme un palanquin sur les épaules de trente-six porteurs, et escortée par des cavaliers de la garde impériale, par des prêtres montés, est celle d'une population pieuse et campagnarde au passage du Saint Sacrement. Et, en effet, pour ce peuple, la Châsse est plus qu'un trésor historique : elle est l' « habitation » même des esprits des morts. C'est devant elle que chaque matin l'Empereur fait sa prière à ses pères. Il les informe de tous les événements qui se produisent dans la Famille Impériale et dans la nation. Lorsque l'amiral Togo remporta sur la flotte russe une victoire qui dépassait toutes les espérances du Japon, le vieil Empereur envoya à la flotte un rescrit où il disait :

« Nous sommes heureux que, du fait de votre loyauté et de votre bravoure, nous ayons été capables de répondre aux demandes que nous adressent les esprits de nos Ancêtres. »

On rapporte qu'en entendant ces paroles de leur chef, des larmes coulèrent sur les joues des marins japonais. Ils avaient vraiment le sentiment que, par cette victoire, ils accomplissaient la destinée spirituelle de leur Nation.

De Tokio à Kioto courent trois cent vingt milles. Par les fenêtres du wagon nous apercevons les villages mobilisés pour cette fête. Les soldats font la haie, les autorités se montrent en bicornes à plumes blanches et en uniformes dorés. Les gens du pays ont revêtu leurs plus beaux vètements, les enfants des écoles défilent, comme chez nous, en rang, deux par deux. Et, sans doute, tout cela est encadré par des sociétés de gymnastique.

La préoccupation d'entourer d'une exacte pureté toutes ces cérémonies mystiques est si vive que l'on a bâti à Kioto un pavillon spécial pour abriter la Châsse. De même, toutes les cérémonies dont le peuple et les étrangers auront le spectacle, se dérouleront dans des décors construits pour l'occasion exceptionnelle de l'intronisation. Ils ne dureront pas plus que la nécessité sainte qui les a fait surgir.

Le luxe de ces précautions pieuses égale en raffinement ce que les scrupules de la plus exacte antisepsie ont pu inspirer à nos chirurgiens. C'est ainsi que l'on verra des dignitaires développer sous les pas de l'Empereur, au moment même où il se rend au Saint des Saints, un tapis que nul pied humain n'a jamais foulé. Il a été tissé par des mains tout à fait pures. Ces rites expliquent, pour le dire en passant, l'extraordinaire propreté de l'habitation japonaise et l'obligation où l'on est astreint de n'y jamais pénétrer avec des chaussures qui ont touché le sol souillé des rues : ces maisons sont des temples, le temple des Ancêtres défunts. On veut y entretenir la netteté d'un sanctuaire.

Il convient, d'autre part, d'indiquer l'importance qui s'attache à ce que la Châsse, où sont enfermés le Miroir, le Sabre et le Collier sacrés, soit mise à l'abri de tout contact impur. Ces précieux objets ne sont pas seulement des attributs de la Royauté : ils sont l'essence de la Royauté elle-même. Un usurpateur qui viendrait à s'en emparer, dépouillerait l'Empereur de sa divinité et de son pouvoir. Il serait le souverain authentique tant qu'un larcin, même sacrilège, lui conférerait la vertu impériale.

Le premier acte de l'Empereur va être le mouvement de déférence par lequel il annoncera à ses Ancêtres son accession au trône. A cet effet, le rite l'habille d'un kimono aussi blanc que la soutane d'un pape. Il tient dans sa main un sceptre de bois blanc. Il se lave d'abord les mains en présence des princes du sang et des grands de la cour, puis il se place devant la Châsse. Six plateaux chargés de nourriture sont offerts aux mânes des ancêtres. Cependant, les gongs gémissent et des chœurs chantent une musique archaïque. La révérence de l'Empereur et sa prière devant les Trois Trésors closent cette partie matinale du rite.

Au cours de l'après-midi, l'Empereur adresse au Monde des Vivants la déclaration qu'il a d'abord présentée au Monde des Esprits.

Pour signifier solennellement cette prise de possession du pouvoir, Sa Majesté a revêtu une robe « couleur du soleil levant ». Il apparaît debout sur l'estrade du pavillon spécial qui a été élevé pour cette fête de l'après-midi. Dans sa main il tient une tablette.

A cette minute, les Trois Trésors Sacrés sont déposés sur des tables à côté de son trône. Au-dessus de sa tête s'élève un dôme octogonal qui porte à son sommet un grand phénix. Trois gradins d'estrade descendent devant lui. Deux sont couverts de brocart rouge, le troisième de brocart vert. Tous les symboles de la mythologie japonaise l'entourent : le « Cerisier », l' « Oranger », la « Bannière » sur laquelle est brodée la figure représentant la Lune, la Bannière du Soleil, la Bannière représentant le Corbeau Sacré qui vint au secours de l'Empereur Jimmu, la Bannière représentant le

Milan sacré qui vint se placer sur l'arc du premier Empereur. Des bannières en brocart, sur lesquelles est brodée la fleur impériale du chrysanthème, une autre bannière sur laquelle apparaissent les caractères qui signifient « Banzai ! », c'est-à-dire « Longue vie à l'Empereur ! »

Pour les fonctionnaires formant la commission de la cérémonie solennelle de l'avènement qui entourent l'Empereur, ils semblent détachés des vieilles estampes japonaises. En effet, le costume européen est aujourd'hui banni : civils et militaires se présentent dans les glorieuses livrées de leurs aïeux. Le costume civil est complété par une étrange coiffure, une calotte surmontée d'une bande d'étoffe noire qui retombe en arrière. Le costume militaire ajoute à cet ornement une sorte de visière : il comporte en outre une cuirasse et un carquois dans lequel les flèches sont disposées en forme d'éventail. Le vêtement de dessus est de couleur noire pour les civils et les militaires des grades les plus élevés. Le rouge habille les fonctionnaires de grade moyen, le bleu est réservé aux grades inférieurs.

Une profonde révérence de tous les assistants a salué l'apparition de l'Empereur. Il remue les lèvres. Il daigne parler. Il lit le rescrit impérial par lequel, du haut de son trône, il déclare solennellement qu'il s'efforcera, selon la volonté de la Déesse Ancêtre, d'augmenter encore le bonheur de ses sujets. Avec leur concours il maintiendra la paix dans le pays. Il le rendra de plus en plus prospère. Pas une allusion, même fugitive, aux événements qui sont en train de changer la figure de la planète.

Le Premier Ministre, le comte Okuma, s'avance alors. Incommodé qu'il est par sa jambe de bois, il est venu plusieurs fois répéter son rôle. Avec son stoïcisme coutumier il domine la souffrance que lui impose sa blessure. Il est aujourd'hui plus que jamais le représentant des sujets de Sa Majesté. Il lui adresse des paroles de félicitation. Il l'assure que les Japonais d'aujourd'hui seront aussi fidèles, aussi dévoués à leur Empereur que les Japonais d'autrefois le furent à ses augustes prédécesseurs. Puis il descend les marches de l'estrade par l'escalier du Sud, il va se placer devant les bannières qui portent le caractère « Banzai ». Trois fois, de toutes ses forces, il crie :

— Banzai !

Et cette acclamation est, chaque fois, répétée par toute l'assistance.

C'est bien le Japon des songes, de la guerre, de l'art, des dieux, qui vient de revivre, tandis que, au loin, dominant la plainte des gongs, les acclamations de la foule éclatent — et que, en signe de respect, les locomotives, — nouveaux témoins de ces grandeurs, — déchirent l'air de leurs sifflements.

CHAPITRE XVIII

L'EMPEREUR SOUPE AVEC DES OMBRES

La plus mystérieuse et la plus simple des cérémonies dont le couronnement s'enveloppe sera célébrée aujourd'hui 14 novembre. C'est peu de dire que nul ambassadeur, nul envoyé extraordinaire n'y sera convié. Les yeux de nul mortel ne seront admis à voir ce qui se passe dans l'ombre entre le Souverain et les mânes de ses Aïeux.

Du moins peut-on se former une idée de la partie décorative et extérieure de ce tête-à-tête par la description des accessoires qui y participent.

Cette cérémonie du Dai-josai (je ne cherche point à traduire une expression qui, au dire des Japonais eux-mêmes, n'a d'équivalent dans aucune langue) est naturellement précédée d'un certain nombre d'exorcismes dont le sens est plus ou moins impénétrable. Tout d'abord, l'Empereur doit assister à une cérémonie de musique et de danses archaïques qui ont pour but d'apaiser les mânes des souverains défunts. Pendant l'accomplissement de cette chorégraphie expiatoire, l'Empereur est assis à l'intérieur de la Châsse : il a devant lui les joyaux sacrés. Des prêtresses sonnent des cloches à la volée. L'Empereur s'absorbe dans la contemplation du Miroir d'Isé. Le fait est qu'il ne tient ici que sa réplique, la pièce miraculeuse dont Amatérasu fit don à ses aïeux est conservée dans un temple lointain où l'Empereur ira, plus tard, porter son adoration. Bien plus, cette réplique est un écrin qui ne s'ouvre pas. Cependant, à travers ces difficultés, le symbole subsiste dans sa pureté. Dans ce miroir où il est censé voir ses traits réfléchis, le nouveau Souverain aperçoit derrière son propre visage la face de tous ses aïeux, et, dans le plus profond recul de ces apparences, la Divinité elle-même.

Certains théologiens chrétiens croient voir ici une image de l'hostie où Dieu serait présent. Des philosophes modernes ont pensé que le Miroir d'Isé n'était que le symbole de la conscience personnelle de l'Empereur et de sa conscience ancestrale sur laquelle le Souverain est invité à se pencher, au moment où lui-même il va devenir la représentation réelle d'un peuple qui se croit incarné en sa personne. Le Japon n'a pas dit ce qu'il pensait de ces explications ingénieuses. A supposer qu'il en ait une troisième à nous offrir, il garde son secret.

On ne peut imaginer rien de plus modeste que le cénacle dans lequel s'abrite la mystérieuse entrevue du Souverain et de ses Aïeux. Ce sont, à proprement parler, deux huttes de bois blanc recouvertes de chaume. Les commentateurs de ces rites, si discrets qu'ils soient, affirment que l'on a voulu reproduire ici l'habitation de l'homme primitif, du premier colon des îles, données par Amatérasu à sa race immortelle. Dans chacune de ces maisonnettes rustiques, l'Empereur accomplit exactement la même cérémonie. On ne voit qu'une raison plausible à cette dualité : on suppose que le rite est consommé deux fois de suite, afin que l'on ait une certitude plus parfaite de n'avoir négligé aucun détail du formalisme compliqué et immodifiable.

Les soucis avec lesquels ces cabanes ont été construites sont graves. Les bûcherons qui ont abattu les cryptomérias dont ces cloisons sont formées avaient été d'abord purifiés par de l'eau lustrale. Le premier cryptoméria mis à terre a été brûlé, offert en sacrifice au Dieu du Bois. Les rites du transport, la construction des charrettes qu'on y emploie, le choix des animaux qui les traînent ont été les objets de minutieuses prescriptions.

Que se passe-t-il à l'intérieur de ces tabernacles où l'Empereur, éclairé par les torches de pin, pénètre, à la chute du jour, vêtu d'une robe que l'on nomme « l'aile du ciel »? Il la dépouille pour reprendre sa robe blanche, symbole de toutes les purifications qu'il accumule à ces dernières minutes.

J'ai su d'un dignitaire, qui était de garde dans l'enceinte des huttes sacrées, quelques détails significatifs. Les Ancêtres avec lesquels l'Empereur va souper sont considérés comme étant si substantiellement présents que des couchettes sont préparées pour eux. A l'un des bouts sont disposés les petits oreillers qui supporteront leurs têtes, à l'autre extrémité, les fines pantoufles où l'on suppose que leurs pieds s'introduiront. Il y a des nécessaires avec des peignes, pour coiffer leurs cheveux, des objets de toilette féminine sans doute réservés, — qui sait? — à Amatérasu elle-même.

Avec ces revenants, l'Empereur soupe. C'est la Communion des Saints. Il boit quatre coupes de saké blanc et quatre coupes de saké noir. Il offre des présents rudimentaires. On dit que ce sont tous les objets nécessaires à la vie des hommes d'autrefois qui auraient pu habiter cet abri primitif. Quant aux prières que l'Empereur prononce, aux paroles qu'il échange avec ses hôtes invisibles, aux engagements qu'il prend, aux réponses qu'il reçoit, nul n'en connaît rien. Tout cela demeure enseveli dans l'abîme de son âme.

CHAPITRE XIX

SI L'EMPEREUR CESSAIT D'ÊTRE UN DIEU...

Le dogme qui se dégage de ces cérémonies de l'avènement au trône est en contradiction formelle avec les principes des sciences que le Japon emprunte à l'Occident et qu'il applique avec tant de succès. C'est peu de dire que ce parti pris rend impossible la publication d'une histoire nationale où l'esprit critique interviendrait. Ce théorème politico-religieux est un insurmontable obstacle à l'établissement d'une morale qui aurait ses fondements dans la raison et dans l'expérience. Nous avons le spectacle paradoxal d'un Japon qui semble entrer à pleines voiles dans l'évolution du progrès et qui, pour des raisons de politique intérieure, reste attaché à ce qu'il y a de plus primitif dans sa tradition. Il va de soi que ces anomalies ne pourront pas se soutenir indéfiniment. Il faudra faire délibérément machine en arrière ou sauter dans l'inconnu.

Quelles seront, pour le Japon de demain, les conséquences de ce choix? Il en est qui le concernent personnellement, il en est qui nous regardent, nous autres, ses alliés, ses francs amis. Dans l'intérêt des deux parties, nous ne pouvons pas ne point nous demander si ces difficultés vont se résoudre par une évolution vraiment philosophique, par un recul historique, ou par une révolution sociale.

Je pose la question avec une entière franchise aux hommes d'État, aux Japonais éminents qui m'accueillent. Chez tous je constate d'abord ces deux sentiments : une surprise non déguisée que, dans les complexités de l'heure présente, un étranger s'intéresse à ce cas de conscience, et puis, d'autre part, en ce qui les concerne eux-mêmes, c'est l'aveu d'une préoccupation grave.

J'ai noté, dès mon débarquement, l'impression que j'ai éprouvée en trouvant sur la colline qui domine Yokohama le culte shintoïste et le culte bouddhiste installés l'un à côté de l'autre. On le sait, le shintoïsme, mot à mot « le Chemin des Dieux », est la forme religieuse la plus anciennement enracinée sur ce sol. Est-ce vraiment une religion? Est-ce seulement une institution patriotique? Ceci est certain, le shintoïsme ne s'étaye ni sur des livres sacrés, ni sur un code moral défini.

Pour ne remonter qu'à cinq siècles avant le Christ, on ne distingue pas au Japon la religion de la politique ou des mœurs, telle une institution séparée. Le peuple rend hommage aux dieux, c'est-à-dire aux ancêtres de la famille impériale et puis aux mânes des défunts illustres, dans le même sentiment d'obéissance passive qu'il adore le Mikado vivant. Nulle notion d'un paradis ou d'un enfer. Il y a des dieux bons ; il y en a de méchants ; de vagues prêtres sont chargés de louer les uns, d'apaiser les autres. Sans doute quelques infiltrations des idées chinoises sont évidentes à travers ce culte politico-religieux. On serait embarrassé de les isoler et d'assigner une date à leurs manifestations premières.

L'événement de l'histoire religieuse du Japon est, au milieu du sixième siècle après le Christ, l'entrée en scène du bouddhisme. Nulle résistance n'est possible. La métaphysique du bouddhisme, l'ampleur de ses cérémonies, la beauté qu'il traîne après soi, submergent les rites archaïques du shintoïsme. Elles les enveloppent d'autant plus sûrement que le bouddhisme, au lieu de rompre en visière avec le culte primitif, a la sagesse politique de l'absorber tel quel. Cela nous conduit jusqu'au début du dix-huitième siècle.

A ce moment-là le shintoïsme renaît soudain de ses cendres. Toujours pour des raisons politiques. L'irritation contre le bouddhisme se confond, en effet, avec la réaction contre ces puissants « Maires du Palais », les Shoguns, qui ont mis à peu près dans l'ombre l'Empereur non pas « fainéant », mais « supplanté », le Mikado.

Les grands lettrés, Mabushi (1697-1769), Motoori (1730-1801), Hirata (1776-1843), soutiennent cette propagande. Avec la révolution de 1868, la victoire semble un instant définitive : le bouddhisme est détrôné, le shintoïsme s'installe avec la figure d'une religion d'État (1).

S'il est difficile de démêler dans quelle mesure le shintoïsme réussit à se maintenir en tant que culte, pendant le long triomphe du bouddhisme, il est aisé de toucher quelle part prépondérante son influence politique a prise dans la formation du caractère japonais.

Nous sommes placés en face d'une éducation à la spartiate. Elle va à la destruction absolue du « moi ». Il doit disparaître avec son égoïsme dans l'intérêt supérieur de la communauté. Cette éducation se donne d'abord dans la famille : elle façonne les enfants, la jeune femme, le jeune mari. Elle interdit les larmes. Elle ne permet pas l'amour, considéré comme un égoïsme à deux. Cette maison familiale où les parents commandent est de verre. Elle est surveillée, contrôlée par les voisins. L'avertissement charitable ne manque point à ceux qui, dans le développement de leurs passions indivi-

(1) Ernest SATOW, *The revival of Pure Shinto* ; CHAMBERLAIN, *Things Japanese* ; Percival LOWELL, *Occult Japan*.

duelles, risqueraient de s'écarter de l'idéal national. Le village est surveillé par un autre village. L'ensemble des villages est lui-même contrôlé par les représentants de l'esprit de clan. Et tous ces sacrifices, en apparence souriants, enveloppés de révérences, colorés par les rites d'une politesse minutieuse, aboutissent à la religion de l'Empereur.

Aujourd'hui que les Samuraï, ces chevaliers japonais en qui s'incarnait cette discipline nationale, ont disparu, la femme japonaise demeure comme le témoin de la puissance qu'une telle organisation sociale a eue dans le modelage extérieur des âmes. Dans sa vieillesse, la femme japonaise porte sur le visage un reflet de dignité qui rappelle les expressions de bienveillance et de complet détachement dont s'illuminent parfois chez nous les faces amaigries et fanées des Sœurs de la Charité. Et, sans doute, quelque parfum de l'ancienne discipline chevaleresque survit pour l'homme dans la pratique de cette bravoure militaire, intégrale, que le vieux code d'honneur japonais nommait le *bushido* (1). Très récemment on a demandé aux écoliers japonais, à ces petits garçons coiffés de casquettes plates, que je vois s'engouffrer dans les écoles primaires, avec leurs car-

(1) Inazo Nitobe, *The Japanese Nation*.

tons sous le bras, quel est pour eux l'idéal de la vie.

Par milliers ils ont répondu à l'unisson :

— Mourir pour notre Empereur sacré.

La guerre russo-japonaise a témoigné d'une manière éclatante que cette forme héroïque du patriotisme est demeurée dans la nation japonaise, au moins jusqu'à l'heure de sa première et grande victoire, non pas un mot mais un acte.

A cet acte, certes supérieurement estimable, se limite la floraison du système de culture shintoïste. Ceux qui ont pénétré le plus profondément l'âme du Japon d'hier et d'aujourd'hui nous disent quelles tortures de cœur et d'esprit se sont dissimulées, pendant des siècles de respectueux silence, sous cette politesse souriante, qui, de la maison au village, du village au clan, donnait à la sociabilité japonaise l'apparence d'un sacrifice perpétuellement heureux.

La faiblesse intime du shintoïsme c'est que, dédaigneux de l'individu, il n'a jamais fait appel à la conscience morale. A ses adeptes il a inculqué la vertu *du dehors*, comme un rite, comme une révérence supérieure aux autres. Il a dit ce que l'on devait faire, comme il a décidé de quelle façon on devait s'habiller, selon son âge et sa situation sociale. Il a contraint, il a façonné. Il n'a ni éduqué ni assoupli.

Ses insuffisances éclatent curieusement aujourd'hui dans les pratiques auxquelles sont tentés de s'abandonner les marchands. Ils étaient, dans la hiérarchie militaire du Japon, placés au dernier rang de la société, à côté des acrobates et des histrions. Se sachant au-dessous de l'estime, ils voulaient avoir le profit de leur discrédit. Ils dupaient. Lorsqu'ils ont commencé de commercer avec les Occidentaux, ils n'ont point pour cela modifié leurs manières d'agir. De là le mauvais renom qu'ils ont eu, tout d'abord, sur le marché mondial de l'offre et de la demande. Quand la Russie est venue leur acheter des armes, ils n'ont pas résisté au plaisir de lui revendre les fusils récoltés sur les champs de bataille de Mandchourie, un peu plus cher que ces armes n'avaient coûté à leurs anciens propriétaires, dans l'état de neuf. Mœurs de transition. J'ai sous les yeux des articles publiés dans les journaux de Yokohama dont la sincérité est touchante :

« Cette guerre, disent-ils en substance, est pour nous une occasion unique de nous corriger d'un défaut qui tient aux mœurs d'autrefois. Nous avons mérité l'estime du monde par la façon dont nous avons combattu sur le champ de bataille, par l'humanité avec laquelle nous avons traité nos prisonniers. Nous devons aujourd'hui conquérir son respect par la probité que nous apporterons dans nos fournitures, par la loyauté que nous observerons dans nos transactions commerciales. Les Japonais qui, dans une pensée de lucre, en useraient autrement feraient tort au Japon : ils seraient de mauvais patriotes. »

Il reste que cette discipline de la famille, du village, du clan, aujourd'hui que le village est abandonné et que le clan tombe en poudre, ne vaut plus pour protéger les générations nouvelles contre les tentations de la vie moderne. Ces jeunes ouvrières, ces jeunes ouvriers qui viennent travailler dans les usines d'Osaka, dans tant d'autres villes industrielles qui appellent à soi la population des campagnes, ne vivront plus comme jadis, sous les yeux de leurs parents, surveillés par le village. S'ils viennent à se marier, les voilà comme les travailleurs de toutes les sociétés ouvrières du monde, isolés et libres. Ils n'ont certes pas pu emporter avec eux les tablettes familiales par lesquelles vivait dans le foyer d'autrefois le culte des aïeux. Ils courent sans protection, sans soutien moral, sans préparation aux responsabilités quotidiennes, la dangereuse aventure de tous les déracinés.

On conçoit qu'un gouvernement qui est fondé sur le dogme de la divinité de l'Empereur, de la divinité aussi de tous ses sujets, lesquels se retrouvent et se perdent en lui, éprouve une inquiétude grave à une minute où il ne lui est plus possible d'arrêter son peuple archaïque dans la voie de ce moderne progrès où lui-même il l'a engagé. On comprend mieux les hésitations que peut éprouver un homme d'État vieillissant, quand il se demande s'il n'exposera pas le Japon à une aventure dangereuse, en encourageant des jeunes gens d'élite à venir étudier les applications des sciences dans un pays comme le nôtre où le premier effet de la pensée est d'affranchir l'esprit. L'Allemagne lui inspirait plus de confiance : la différence était mince, en effet, entre l'exaltation quasi mystique, la religion du Kaiser, que la « Kultur » travaillait à créer, et cette religion du Mikado, sur laquelle, depuis les origines, le Japon a fondé son unité.

A une telle minute, le christianisme apparaît comme suspect. Sa foi n'est pas compatible avec ce dogme de la divinité de l'Empereur, avec cet autre dogme de la divinité des morts, sans lesquels il n'y a pas de Japonais tout à fait loyal à son pays. Le bouddhisme lui-même est une occasion de méfiance. D'abord parce que lui aussi, il est venu du dehors ; ensuite parce qu'il a été compromis par cette faveur que des usurpateurs du pouvoir impérial, les Shoguns, lui ont témoignée. On nous l'a bien fait voir ces jours-ci : à la dernière minute, le clergé bouddhiste n'a pas été autorisé à se montrer avec ses ornements rituels et ses vêtements sacerdotaux, dans les cérémonies solennelles de l'avènement au trône.

Reste donc le shintoïsme, la pure doctrine japonaise dans laquelle toute la tradition des aïeux a tenu. C'est à lui que l'on recourt, ouvertement, pour sauver ce qui peut être sauvé. On ferme les yeux sur ce fait que pareil effort a déjà été tenté en 1868 et qu'il a échoué lamentablement. On ne veut pas voir que le shintoïsme n'est plus qu'une ombre, qu'il n'a pas de racines dans le cœur de l'homme moderne.

J'ai dit avec ménagement à mes graves interlocuteurs que l'Université de France avait, elle aussi, au cours du dernier siècle, essayé d'établir une philosophie officielle couronnée par une morale officielle. Pendant un temps, ce catéchisme universitaire conduisit au baccalauréat des élèves dociles. Ceux-là même qui l'avaient étudié sur les bancs du collège l'ont vu s'effondrer sous les coups de la critique historique et de la science.

Un Empereur du Japon, un Mikado, un Dieu, est-il accessible à ces inquiétudes? Doute-t-il de son peuple? Surtout peut-il douter de soi-même? Quel pouvait être, au juste, son état d'âme, pendant cette minute de l'avènement, où on l'a laissé seul, en tête-à-tête avec les Ombres de ses Morts?

Il y avait, en tout cas, bien de la mélancolie sur

son visage, la lassitude d'une montée de calvaire, quand hier, il s'est penché vers nous, ses invités européens, pour nous regarder, au passage, sous le battement d'ailes du Phénix, par la vitre de son carrosse doré.

CHAPITRE XX

LA CULTURE FRANÇAISE AU JAPON

Le meilleur moyen de dissiper l'inquiétude que cause à un gouvernement trop prévenu notre libre esprit français, et d'autre part, de conquérir l'amitié de M. Tout-le-Monde, c'est de rendre à la langue française la vogue qu'elle a connue autrefois et puis d'étendre sa puissance de rayonnement. Les moyens d'action sont ici comme ailleurs les écoles, les collèges, les centres de conversation et puis le journal.

Ces jours-ci, à Yokohama, j'ai recueilli à ce sujet une expérience à la fois douce et cruelle. Nous avons là une Alliance française. Elle est solidement encadrée par notre représentation diplomatique et consulaire, les agents de nos grandes compagnies maritimes et autres, nos négociants français, nos amis. On m'avait demandé de rendre témoignage en l'honneur de nos morts et de nos combattants. L'assistance était imposante et émue. Les Japonais n'en étaient point absents. Des Suisses, de langue allemande, avaient tenu à venir aux côtés des Alliés témoigner du choix définitif qu'ils font en faveur des partisans de la liberté. Et voilà que sous ce cher pavillon de l'Alliance française, afin de me rendre intelligible au plus grand nombre de mes auditeurs, j'ai dû employer alternativement le français et l'anglais.

Hier, à Tokio, des confrères de la presse japonaise m'ont offert un dîner. Ils voulaient me témoigner du plaisir qu'ils éprouvent à voir le journal jouer, tous les jours, un rôle plus important dans le champ des idées et de la politique internationale. Notre conversation, les toasts qui ont été portés, tout cela a dû s'exprimer en anglais. Bien entendu, l'Amérique et sa Presse Associée étaient affectueusement représentées ici. En même temps que ce mouvement d'amitié ajoutait à mon plaisir, il soulignait pour moi l'utilité primordiale qu'il y a à ce que nous autres, Français, nous fassions un décisif effort pour contre-balancer, non pas seulement dans l'intérêt de notre industrie et de notre commerce, mais pour le profit de l'esprit humain, la puissance de cette langue anglaise que parlent, en dehors de ses recrues d'Asie, d'Afrique et d'Océanie, cent millions d'Américains entreprenants et laborieux.

Ce drapeau de la langue et de la culture française est tenu ici haut et ferme par les Frères Maristes. J'ai eu l'honneur d'être leur hôte. J'ai visité leur école, « l'Étoile du Matin ». J'ai assisté à leurs classes. Je voudrais faire partager à tous la gratitude que nous leur devons. Sous l'impulsion que lui ont donnée son fondateur, M. Heinrich, son directeur d'aujourd'hui, M. Albert Henri, cette école est vraiment devenue un foyer de vie et de sentiments français.

En 1891, l' « Étoile du Matin » compte, — Japonais et Européens réunis, — 96 élèves. 50 suivent les cours du lycée, 46 ceux de l'école primaire. En 1902, on est obligé d'envoyer les élèves européens se grouper dans l'école nouvelle fondée à Yokohama. A Tokio l' « Étoile du Matin » se consacre désormais à la seule instruction des élèves japonais. Ils sont 445 en 1905, 816 en 1908. Aujourd'hui, en additionnant les élèves du cours primaire à ceux du lycée, on atteint tout près d'un millier de jeunes gens. Beaucoup sont pensionnaires. En 1911, il a fallu bousculer les bâtiments anciens, élargir la ruche. A cette occasion, des personnages haut placés, les « Anciens », les amis de l'École, les parents des élèves, ont voulu préciser leur gratitude. Ils se sont cotisés. Ils ont offert à l'École une somme considérable. Elle a permis d'acheter un terrain d'une étendue suffisante pour séparer désormais l'école primaire du lycée. Quand on a fêté le jubilé de M. Émile Heck qui, depuis vingt-cinq ans, professe à la fois dans l'École et à l'Université impériale, où il a la charge d'un cours de langues et de littérature françaises, les autorités sont officiellement intervenues pour marquer l'estime qu'elles accordent à un si digne effort. Des musiques militaires ont joué la *Marseillaise* et le *Kimigayo*.

En effet, ces maîtres religieux, si respectueux de la confiance qu'on leur accorde, ne cachent point leurs sentiments. J'ai trouvé leurs rangs décimés : c'est qu'en grand nombre ils ont quitté le Japon pour venir remplir en France les obligations de leur devoir militaire. Ils comptent déjà des blessés et des morts dans leur petite phalange dont le recrutement — pour les raisons que l'on sait — est devenu difficile en France.

Il faut noter que ces élèves sont confiés à l'« Étoile du Matin » par les meilleures familles du Japon. Beaucoup d'entre eux sont des fils de fonctionnaires en place. Il est convenu que l'on les instruit sans chercher à les influencer au point de vue religieux. Bien entendu, ces Frères Maristes qui servent ici si loyalement la France et le Japon sont persuadés que la morale chrétienne enferme en soi une séduction supérieure à laquelle des âmes, affinées par notre culture, ne résisteront pas toujours. Mais c'est là un espoir. Il reste discret, il ne recourt à aucune habileté humaine pour hâter l'heure de son éclosion. A l' « Étoile du

Matin » on prie pour l'Empereur. Des professeurs japonais donnent un enseignement moral qui ne contrarie en rien ce qu'il y a d'essentiel dans les sentiments qu'un Japonais, tout à fait loyal, doit éprouver pour son Souverain. Nombre d'élèves préfèrent la culture anglaise à l'acquisition de la langue française. On la leur donne sans observation.

Je ne puis tout de même pas résister au désir d'emprunter ici quelques pages aux publications par lesquelles l' « Étoile du Matin » encourage ceux de ses élèves qui lui font le plus d'honneur. Je ne vois pas de meilleur moyen de faire comprendre chez nous, à ceux qui en doutent encore, qu'il n'y a pas d'abîme infranchissable entre la pensée d'un Japonais d'aujourd'hui et la nôtre.

Ces lignes ont été écrites par un jeune élève des Frères Maristes, S. Kudo, élève de Quatrième B, à qui l'on avait proposé ce sujet de composition : « L'amour fraternel. »

« J'ai un frère et une sœur. Voyez-vous les doigts de ma main? Comme eux, nous sommes unis tous les trois ; comme eux aussi nous sommes de tailles différentes. L'un est petit, l'autre est grand. Qu'importe? Nous sommes inséparables. Mon frère est plus âgé que moi. Lorsque le père n'est pas là c'est lui qui, près de nous, le remplace. Sans doute il n'a pas la même expérience. Aussi nous donne-t-il des conseils plutôt que des ordres. Nous suivons ses conseils, sachant qu'il veut notre bien et qu'il nous aime. Il est notre grand frère, il est notre petit père. Moi, je suis plus grand que ma sœur. A mon tour je veille sur elle. Lorsqu'en apprenant ses leçons ou en faisant ses devoirs, elle rencontre une chose qu'elle ne comprend pas, elle m'appelle pour l'aider. Elle me demande ce qu'elle ne sait pas et je lui répète ce que j'ai appris à l'école. Ce que l'un de nous sait, il est heureux de le faire savoir à tous les autres. Ce qu'il reçoit, il veut le partager avec les autres. Il n'est content que lorsque les autres ont part à sa joie. L'un d'entre nous commet-il une faute? Les autres la lui font comprendre doucement. Nous ne nous querellons jamais, car nous aurions honte de parler ou d'agir comme si nous ne nous aimions pas. Nous avons même père, même mère : ayons toujours même cœur. »

La peinture de la campagne et de la montagne, l'amour, si japonais, des fleurs, des bêtes, des oiseaux, des insectes, du « poisson rouge qui a l'air de s'ennuyer tout seul dans son bassin », s'expriment en français dans les essais de ces écoliers avec un charme savoureux, voire poétique. Telle cette impression de voyage contée par un camarade du jeune Kudo, le jeune Sugita :

« J'ai voyagé, il y a trois ans, dans le pays d'Omi et je suis arrivé dans une petite ville près du lac Biwa. Là j'ai demandé l'hospitalité à un pêcheur dont la cabane se trouvait au bord du lac. Lorsque j'allais me coucher, le pêcheur m'a apporté une flûte et il m'a dit : « Ce petit instrument que vous voyez là a son histoire, un peu triste. » Ensuite il me raconta ce qui suit : « Autrefois il y avait en cet endroit une hutte où vivaient ensemble un pêcheur et son fils. L'enfant, tout jeune encore, perdit sa mère. Alors le père l'éleva. Quand le pêcheur allait au travail, son petit garçon restait seul à la maison. Il se distrayait en jouant de la flûte. Un jour l'enfant accompagna son père jusqu'au bord du lac et il attendit son retour. La nuit tombait, mais le pêcheur ne revenait pas. L'orage avait éclaté. L'enfant se mit à prier Dieu de protéger son père et de le lui rendre sain et sauf. Il attendit encore un peu de temps, mais le pêcheur ne revint plus. Quelques jours plus tard des passants entendirent le son clair d'une flûte et virent l'enfant debout sur un rocher. Il pensait à son père et regardait la belle lune. C'était lui qui jouait de la flûte pour consoler son père mort. Bientôt il alla rejoindre au ciel celui qu'il aimait tant. » Et, me dit le pêcheur, il m'a laissé ce souvenir. »

D'autre part, je reçois la visite d'un jeune agrégé des lettres de chez nous, M. J. Cotte, chargé de cours à l'Université impériale. Il me donne à lire le brouillon d'une lettre qu'il adresse aux Affaires Étrangères à Paris. Elle débute par ces paroles modestes :

« Permettez-moi, Monsieur le Ministre, d'appeler votre bienveillante attention sur une jeune organisation de propagande et d'enseignement approfondis de la langue française, fondée à Tokio, le 22 janvier 1913, et qui, maintenant, sous le nom d' « Athénée Français », commence à contribuer, quelque peu, à l'expansion de notre langue, de notre littérature et de nos idées nationales. Les statistiques annexées à cette lettre vous permettront d'apprécier tout ce que la naissance et les premiers pas de l' « Athénée » ont eu de difficile. »

En octobre 1913, l' « Athénée » ne compte, en effet, que 8 élèves. Ils sont 20 en 1914, 62 en 1915. Depuis, leur nombre a monté à 94. Le cours compte parmi ses élèves les plus fidèles des médecins, des diplomates, des officiers de terre et de mer, dont un général, des professeurs de l'Université impériale et même des professeurs de français. Parallèlement à l'école, et de concert avec elle, fonctionne une bibliothèque de cinq cents volumes. Les étudiants les peuvent emporter chez eux. L' « Athénée » a même ouvert un club. Pendant les réunions, les membres s'engagent à ne parler que le français. Cette nouveauté permettra à des hommes que leurs professions, leurs affaires ou leurs sympathies attirent vers la France, de venir se perfectionner dans notre langue et dans la connaissance de notre esprit.

Il va de soi qu'un tel effort peut difficilement se suffire à soi-même. Il serait peut-être possible, en élevant le prix de l'écolage, en réduisant les frais au minimum, de faire de l' « Athénée » une sorte d'école de luxe, une organisation de cours mondains, à l'usage exclusif des classes les plus riches. Mais ce serait étouffer dès le berceau les chances de vie d'un centre d'études qui veut accueillir toutes les ardeurs, toutes les sympathies prêtes à se tourner vers la France.

De fait, dans la pauvreté où il vit, l'« Athénée Français » ne possède pas même un toit à soi. Il a accepté avec gratitude l'hospitalité que lui accorde, à peu de frais, la « Tokio Young Men's Christian Association ». Il vit donc au jour le jour. Il est à la merci de la bienveillance ou même des commodités d'un secrétaire, qui, à l'heure qu'il est, témoigne d'une cordiale amitié. Il doit accepter un voisinage dont il est bien naturel qu'il souffre : les convenances de la « Christian Association » l'obligent à travailler dans le contact immédiat d'un professeur allemand qui, dans les mêmes locaux, donne un cours de conversation tudesque.

Qu'en coûterait-il pour installer ici la France chez elle?

Un loyer de quatre mille francs.

« Il y a certainement au Japon, dit M. Cotte, depuis la victoire de la Marne, un vif renouveau d'admiration et d'amitié pour la France. Mais si l'enthousiasme japonais est laissé à lui-même il ne durera guère. Ne devons-nous pas profiter de cette minute psychologique pour l'accueillir? L'Allemagne, bien qu'elle soit aujourd'hui en guerre avec le Japon, fait tout ce qu'elle peut pour maintenir ici son influence intellectuelle. Sitôt la paix conclue, elle redoublera ses efforts. Ne serait-il pas opportun de profiter du moment où nos rivaux sont paralysés pour nous efforcer de reconquérir notre ancienne place au Japon comme dans le reste du monde? »

Jamais je n'ai plus éprouvé qu'en écoutant M. Cotte formuler avec tant de mesure ce vœu modeste, le regret de n'être point un de ces milliardaires américains qui n'ont qu'à tirer un carnet de chèques de leurs poches pour apporter la vie aux initiatives qui leur semblent intéressantes.

Et, de même, souhaite-t-on donner une immédiate réalisation au projet si pratique de M. Moët, consul de France à Yokohama. Il voudrait, — dans la façon d'une annexe à la Chambre de Commerce française, en formation dans cette ville, — installer dès aujourd'hui, dans les locaux de son consulat, une salle d'échantillons, de catalogues, de prospectus, de prix courants, de tableaux-réclame, d'articles et de produits français, assurés de trouver au Japon un écoulement facile. Tous les fabricants de spécialités pharmaceutiques, d'essences, de lunetterie, d'instruments d'optique et de précision, d'accessoires d'autos, n'ont pas besoin d'attendre pour se faire connaître et pour remplacer leurs concurrents germaniques que, la guerre terminée, ait permis à nos industries de reprendre leurs cours normaux.

Enfin il convient que tous ces efforts soient soutenus, au Japon même, par la création de quelques périodiques français qui les révèlent à nos amis d'abord, aux indifférents ensuite, et qui fassent ici la France vivante, par une manifestation de confiance en soi que rien ne peut remplacer.

Cette nécessité est un des principaux sujets des entretiens que j'ai l'honneur d'avoir presque journellement avec notre ambassadeur, M. Regnault. Il n'a cessé de réclamer à la Direction des Affaires Politiques et Commerciales l'établissement d'un service télégraphique français. Il s'agit de lutter contre l'influence des informations allemandes. Elles continuent à être répandues au Japon à profusion. M. Regnault désire renforcer ce moyen d'action par la création d'un journal français à Tokio.

Il constate, en effet, que depuis quelques années les Allemands ont eu le champ libre. Autrefois, la mission catholique éditait une revue de quinzaine : les *Mélanges japonais.* On y publiait des études intéressantes sur le Japon ; on y résumait ces articles en langue japonaise. Cette revue, qui était fort appréciée, a disparu. Il serait impossible de la faire revivre. Devant ce vide, les Japonais, qui ont appris notre langue, n'ont plus à leur portée le moyen d'en conserver la pratique par la lecture. Ce fait se lie à la diminution croissante des chaires de Français dans les écoles et dans les universités locales. Tout cela aboutit à restreindre, de plus en plus, l'usage de notre langue.

Il existe, par contre, au Japon de nombreuses revues anglaises, sans parler des journaux quotidiens, publiés en langue anglaise, tel cet extraordinaire *Japan Advertiser* qui paraît quotidiennement sur douze pages, et dont le directeur, un Américain très entreprenant et très intelligent, M. Fleicher, a fait un instrument politique et commercial de premier ordre.

L'Allemagne a créé un journal allemand hebdomadaire : la *Deutsche Japan Post*. Cette feuille, appuyée à l'Agence télégraphique allemande la *Deutsche Japan Service*, a pris, sous une sorte de direction officielle, un développement important. Avant la guerre, les revues anglaises, dominées par l'influence méthodiste, apparaissaient surtout comme des organes de propagande religieuse. Elles ne témoignaient à l'endroit de la France d'aucune hostilité déclarée : elles semblaient l'ignorer. Au contraire, la feuille allemande était un organe de combat. Tout imprégnée de l'esprit d'impérialisme, elle ne manquait point une occasion de dénigrer la France et démontrait notre déchéance dans tous les domaines. M. Regnault a obtenu que l'autorité japonaise mît fin à ce jeu. La *Deutsche Japan Post* et le *Deutsche Japan Service* ont été suspendus. Mais, sitôt la paix signée, ils reparaîtront. Ils renouvelleront leurs attaques et, si nous ne les empêchons pas de poursuivre leur œuvre, ils retrouveront leurs lecteurs.

M. Regnault, qui lutte avec tant de vaillance et de succès contre ces louches manœuvres et qui fait estimer ici, par sa droiture, son tact, sa finesse, les qualités les plus précieuses de l'esprit français, ne veut pas attendre pour agir que l'ennemi allemand ait repris pied dans la place. A défaut d'un journal, il rêve au moins d'une revue. Elle rallierait nos amis et irait à la conquête de sympathies nouvelles. Notre ambassadeur constate, en effet, qu'il a eu une réponse favorable à tous les efforts qu'il rêvait de produire et qu'on lui a donné les moyens de faire passer du vœu à l'acte.

C'est ainsi que la représentation cinématographique qu'il a offerte au Théâtre Impérial de Tokio, à l'élite de la société japonaise, a été une façon de victoire gagnée sur l'opinion publique. Les Altesses Impériales, le Corps Diplomatique, toutes les notabilités civiles et militaires, les membres de la Société Franco-Japonaise étaient venus là pour rendre honneur aux soldats de la République française. On a acclamé le Président Poincaré décorant de sa main les héros et les drapeaux des régiments victorieux. Et, lorsque à la fin de la représentation, nos troupes ont défilé devant le Généralissime Joffre, la Garde impériale japonaise a joué notre *Marche Lorraine*.

Il faut que la France renonce à cette attitude de vaincue où elle s'était immobilisée après la défaite de 1871. Si elle a été un instant supplantée sur le champ des activités du monde c'est parce qu'elle-même, prise d'une pudeur peut-être explicable, en tout cas maladroite, elle a renoncé à la lutte.

CHAPITRE XXI

AU CLUB DES NOBLES

J'ai reçu ce matin une visite qui m'apparaît comme la récompense de la bonne volonté que je déploie à comprendre, à aimer ce qui m'entoure. Elle s'est présentée sous les traits du président de la Société Franco-Japonaise, M. Fourouitsi.

M. Fourouitsi est licencié ès sciences. Il a été autrefois classé troisième à la sortie de notre École Centrale. Il m'apparaît comme la vivante expression de ce type précieux entre tous, et qu'il faudrait multiplier à l'infini : le Japonais francisé.

M. Fourouitsi m'annonce que la Société Franco-Japonaise se dispose à fêter à la fois le retour à Tokio du baron Ishii qui a quitté son ambassade de Paris pour venir occuper ici le ministère des Affaires étrangères et, d'autre part, le passage de l' « hôte cordial » que je suis. Le banquet sera donné au Club des Nobles, c'est-à-dire au Club du Sénat. Il sera précédé d'une conférence dont M. Fourouitsi me charge. Il me demande de parler des événements d'aujourd'hui, d'évoquer devant cette assemblée choisie les souvenirs qui nous sont chers en commun, les inclinations qui sont pareilles dans les deux peuples, surtout de relever les traits de caractère qui, à travers des différences visibles, nous rapprochent.

Je vais rendre à M. Fourouitsi sa gracieuse visite dans sa maison. Je constate avec joie que sa parfaite culture française ne l'a point porté à changer le plus petit détail au décor de sa vie japonaise. Il convient ici de laisser ses chaussures à la porte pour ne point souiller les nattes immaculées. L'accès de la maison est défendu par un écran ancien et rare. Il la protège contre l'invasion des Mauvais Esprits.

Sous ses cheveux qui grisonnent, M. Fourouitsi, vêtu à la mode de ses pères, continue de parler en perfection cette langue française qu'il a apprise au Quartier Latin dans le temps de sa jeunesse. Il pense en français. Il est capable d'indiquer avec un demi-sourire une nuance qui donne à réfléchir.

Comme je lui demande s'il est resté en relation avec beaucoup de ses camarades de jeunesse, il me dit :

— C'est chose grave que d'essayer après tant de jours de renouer avec les compagnons du passé. J'ai tenté l'expérience, il y a quelques années, dans un voyage que j'ai fait en Europe. J'avais écrit à un ami qui m'avait été particulièrement cher pour lui annoncer ma visite. Il ne m'a pas répondu. Je me suis demandé si c'était moi ou si c'était lui qui étais mort.

Bien entendu je vais saluer le baron Ishii, qui nous apporte des nouvelles toutes fraîches de France. Il me fait l'honneur de me demander de lui exposer en toute franchise les impressions que j'ai reçues de son pays. Il désire que je continue ces bonnes relations avec M. Matsui qui va le remplacer à Paris et qui nous a donné l'autre jour, au ministère des Affaires Étrangères, une galante réception d'adieu.

C'est un fait que les Japonais, facilement enclins au soupçon, éprouvent à l'ordinaire une légère défiance pour ceux des leurs qu'un séjour un peu prolongé en Europe a nécessairement façonnés à nos manières de voir. Cette fois-ci on a passé par-dessus ces hésitations pour appeler à la direction des Affaires Extérieures un diplomate qui n'est pas seulement un ami de la France mais un Parisien véritable.

De tous les souvenirs que je vais emporter du Japon, cette soirée du Club des Nobles sera le plus précieux. Quel qu'ait été l'éclat des fêtes du couronnement, je n'y ai frôlé que le Japon d'autrefois, une tradition qui s'était absorbée en soi-même, qui nous avait fermé, à nous autres étrangers, sa pensée et son cœur. Ici, c'est le Japon de l'avenir que je touche. Sa vue, pleine de promesses, est pourtant accompagnée d'une nuance de mélancolie.

Les hommes d'État, les anciens ministres, les hommes politiques en activité, les généraux, les financiers, les grands industriels, les professeurs d'Université, qui nous honorent, ce soir, de leur présence, ont tous des cheveux gris ou des cheveux blancs. L'homme de trente à quarante ans est absent. Ce n'est pas chez nous, ce n'est pas en France, qu'il est allé étudier la science, le droit, l'histoire, les arts industriels. Les fils de ces amis fidèles ont pris contact avec l'Europe en Allemagne, en Angleterre, avec les Universités américaines. Il faudra que leurs petits-fils nous reviennent. C'est là ce que je veux leur dire ce soir et aussi bien, en regardant mon auditoire, je ne suis pas victime d'une illusion : la connaissance de notre langue, de notre esprit, que ces hommes supérieurs ont voulu acquérir, ajoute quelques traits communs à l'expression de leurs masques. Ce n'est pas impunément que, de la jeunesse jusqu'à l'heure des cheveux gris, on aime à penser et à parler en français. Il en reste sur la face une expression plus spirituelle et plus humaine.

Dès les premiers mots j'ai la sensation délicieuse de sentir que je suis compris non seulement dans l'essentiel mais dans les nuances de mon allocution.

« Vous ne serez pas surpris, Messieurs, que ma première parole soit un mot de remerciement. Votre cher Président, M. Fourouitsi, me donne ce soir la plus agréable des récompenses. Dans les conversations que j'ai eues avec lui il a senti combien le Japon m'avait séduit. Il veut m'offrir l'occasion de rendre devant vous, en l'honneur de la France, un témoignage d'amour passionné.

« Au cours de la réception dont il m'honorait hier, votre Président du Conseil, M. le comte Okuma, m'a dit : « Aujourd'hui ce ne sont pas seulement « les deux races que le Rhin sépare qui se battent ; « ce sont deux civilisations. La France est le cham- « pion de la civilisation latine. Les Anglo-Saxons, « les Slaves, le Japon se rangent à ses côtés. On « aperçoit, dans l'Allemand, l'ennemi de l'huma- « nité, du progrès, de la liberté. Au contraire, « notre alliance est la lutte organisée des amis de « la paix contre le militarisme. »

« Messieurs, vous n'avez pas attendu que l'affreuse expérience de cette guerre éclairât les fonds de la culture française et de la culture allemande pour faire votre choix. Vous êtes venus à nous dès votre jeunesse. Dans cette occasion comme dans toutes les autres, vous avez agi avec une exacte connaissance des raisons qui vous déterminaient. En amour, comme en amitié, comme dans le choix d'une culture, on est dirigé par le désir de trouver dans autrui les qualités dont soi-même on est le moins naturellement doué. L'on cherche à conquérir des vertus complémentaires. On témoigne ainsi du désir où est l'homme de se rapprocher, autant qu'il le peut, de l'absolu.

« Je dirai tout à l'heure quels heureux effets la jeunesse japonaise peut retirer d'une sérieuse étude de la langue et de la pensée françaises. Permettez-moi de noter d'abord les sentiments fondamentaux qui rapprochent nos deux nations, nos deux caractères, nos deux esprits.

« Le jour même de mon arrivée au Japon je suis monté sur cette colline qui domine Yokohama. Elle est couronnée par les monuments que vous avez élevés au souvenir des soldats japonais qui sont tombés dans vos guerres nationales. A l'ombre de ces monuments, je me suis senti bien à l'aise pour songer à tous ces jeunes Français qui sont en train d'accomplir le même devoir et qui ont le même destin. Je l'ai profondément senti, quand les enfants de vos écoles disent : « Le plus ardent de nos désirs « est de mourir pour notre Empereur sacré » et quand nous-mêmes nous chantons sous nos drapeaux : « Mourir pour la Patrie est le sort le plus « beau », nous affirmons la même vérité, nous faisons appel au même idéal, dans des termes identiques, nous exprimons notre amour, notre fierté pour un sacrifice qui emplit tout l'espace de la terre au ciel.

« Oui, Messieurs, le premier, le plus fort des liens qui nous unissent, vous, les Japonais, nous, les Français, les uns aux autres, c'est bien cette passion pour le don de soi. Chez vous comme chez nous, il est la base de l'honneur. D'autres peuples ont été jusqu'ici des commerçants plus adroits que vous et que nous. Ils ont triomphé à vos dépens et aux nôtres. Nous sommes décidés d'apprendre à l'école de nos adversaires ce qui, dans leurs méthodes, est digne d'imitation. Mais, tout de même, nous sommes fiers de le constater : l'esprit de vos Samouraï, que nous autres, Français, nous nommons l' « esprit chevaleresque », nous a plus doués pour l'immolation de nous-mêmes que pour le profit, pour la gloire que pour l'argent. Cette disposition est entre vous et nous un premier motif d'attachement. En effet, il ne peut exister d'amitiés durables entre deux parties qui n'entendent point la même dignité quand elles prononcent ce mot « l'honneur ».

« Mais il y a entre vous et nous un autre penchant qui est merveilleusement propre à rapprocher nos esprits aussi bien que nos cœurs. La langue française possède un mot charmant, — nous le prononçons à toute heure, il est comme le miroir des qualités de notre esprit : les « nuances ». Ce mot-là, est-il nécessaire de le dire, ne se traduit pas en allemand. Les langues anglo-saxonnes nous l'empruntent. J'ignore comment vous le traduisez en japonais. Ce que je sais c'est que tout, chez vous, depuis votre art, c'est-à-dire votre idéal de beauté, jusqu'à votre politesse, c'est-à-dire votre idéal de morale sociale, tout est « nuance ». Si on me demandait : « Qu'est-ce que le Japon? » Je répondrais : « C'est d'abord, et avant tout, le Pays des « Nuances ».

« Ce n'est pas par hasard, Messieurs, que nous nous rencontrons ici dans le goût de la délicatesse, comme nous nous réunissons d'autre part dans le culte de la valeur chevaleresque. Ces similitudes tiennent à une raison profonde. Je vous demanderai la permission de les exposer, en distinguant devant vous en deux classes bien différentes les nations qui vivent de l'idée de race et les nations qui vivent de l'idée de patrie.

« Les Français ne sont pas une race. Toutes les invasions qui ont inondé l'Asie et puis l'Europe ont passé par la France. Celles qui n'étaient que des courants de violence et de barbarie nous ont traversés comme un typhon. Elles ont poussé jusqu'en Espagne. Souvent elles ont franchi le détroit de Gibraltar pour se perdre dans les sables de l'Afrique. Au contraire, tous les éléments qui étaient susceptibles d'acquérir une civilisation supérieure se sont arrêtés sur le sol de la France avec le sentiment qu'ils avaient découvert un paradis.

Ce milieu admirable, qu'est, en effet, la France, les a façonnés, fondus. Avec tous ces métaux si divers il a forgé un amalgame de qualité et de résistance uniques : le peuple français.

« C'est votre histoire, Messieurs, que je viens de raconter là. Pas plus que nous, vous n'êtes une race pure. Vos savants disent avec précision de quels éléments divers vous êtes composés. Mais ces éléments-là se sont fondus, comme chez nous, dans cet autre creuset d'une vertu admirable qu'est cette terre insulaire du Japon. De cette fusion est né le peuple que je salue ici comme un cousin.

« Il y a en effet une différence profonde entre les peuples qui se grisent de l'idéal, de l'égoïsme violent, brutal, de la race soi-disant pure, et ceux qui, comme vous, comme nous, vivent de l'idéal de la patrie. A l'heure qu'il est, l'Allemagne est le type de cet orgueil insensé, presque animal, qui ne connaît que les appétits de son instinct, qui s'estime affranchi de toute loi, et, dans des œuvres infâmes, s'imagine accomplir on ne sait quelle besogne sacrée quand elle détruit ce qu'elle méprise et qu'elle considère inférieur à soi.

« L'Allemagne, je le sais, Messieurs, a dans ce pays des admirateurs de sa force matérielle et de ses méthodes d'organisation. Sans doute, disent-ils, les moyens que l'on emploie pour arriver à ces fins sont abominables et ce n'est pas par de tels procédés que nous autres, Japonais, au cours de nos guerres, nous avons conquis l'estime des civilisations étrangères. Mais, enfin, la force est la force ! Elle s'impose, malgré tout. La supériorité de l'organisation est le signe de qualités devant lesquelles il faut que l'on s'incline.

« Est-ce sûr? L'objet de cette réunion est de nous demander en commun si, à la minute où votre jeunesse devait faire un choix entre les avantages de la culture allemande et les fruits de la culture française, vous avez eu raison de vous résoudre comme vous vous êtes décidés.

« Messieurs, la phrase allemande est un parfait miroir de l'esprit allemand. Elle le reflète avec toutes ses qualités, tous ses défauts : l'application et la pesanteur. Cette phrase est un long raisonnement. Elle marque tous les mouvements de la pensée du sceau de sa lenteur. La phrase allemande est le véritable moule de l'armée allemande, de la tactique allemande. A quoi ont-elles abouti? A cette combinaison unique, longuement, sournoisement élaborée : violer pour sa commodité une parole donnée, — attaquer un ennemi chevaleresque sur un terrain où l'on avait juré qu'on ne le rencontrerait jamais, — surprendre cet ennemi par cette trahison, contre toutes les règles du jeu, afin de l'écraser par la seule supériorité que l'on se connaisse sur lui : le poids.

« Cette lâche combinaison a échoué. Les Français, qui attendaient leur adversaire sur la frontière de l'Est, se sont retournés en pleine trahison, en pleine bataille. Et ç'a été la victoire de la Marne, triomphe de l'esprit français autant que du courage français. Contre cette double force, la lourde combinaison allemande s'est brisée sans espoir de se retourner pour reprendre l'avantage. Afin d'échapper à la destruction, les Allemands, stupéfaits, n'ont trouvé d'autre moyen que de s'enfoncer dans la terre. Ils y demeureront enfouis jusqu'au moment où, de ces tranchées, nous ferons leurs tombes.

« Élevons les yeux maintenant vers les batailles de l'air. Elles nous présentent les mêmes oppositions : d'un côté le pesant, le formidable Zeppelin, image pittoresque de la phrase et du génie allemands. Il aboutit à la faillite que vous connaissez. Il donne à rire aux femmes, aux petits enfants eux-mêmes, tandis que, péniblement, ce monstre laisse tomber quelques bombes sur des écoles et sur des hôpitaux.

« En face, c'est l'aéroplane, fils du génie français, ailé, libre comme un oiseau. Êtes-vous montés sur ses ailes? Je l'ai fait. Il suffit d'avoir vu manœuvrer cet instrument dans l'air pour comprendre que les Allemands n'étaient point disposés naturellement à gouverner, dans la rapidité périlleuse d'une reconnaissance, ce cheval ailé, si sensible. Un courant d'air vous attaque et vous répondez à la secousse par un mouvement de volant, mais déjà, vous avez trop précisé votre riposte. Il faut la corriger elle-même bien vite et, parfois, atténuer ce geste par un troisième, par un quatrième, le tout si vite que ce n'est pas ici, à vrai dire, le cerveau qui guide l'aviateur, c'est la moelle qui commande sa résolution. En de pareils moments, l'Allemand raisonne. Il raisonne comme sa phrase lente, il pense, il sent moins vite que l'instrument par lequel il est porté. L'aéroplane est trop frémissant pour lui.

« Messieurs, ces hommes pesants ont contribué à répandre dans le monde le mensonge que nous étions gens légers parce que jamais nous ne renonçons à la gaieté, parce qu'à travers toutes les épreuves, nous conservons du goût pour l'ironie qui plaisante, parce qu'avec nos douleurs nous faisons des couplets de chansons. Mais les mêmes gens m'avaient dit de vous : « Les Japonais n'ont « pas de sensibilité. Vous verrez ! Ils rient jus« qu'au milieu de leur deuil. » Je m'en doutais déjà : un peuple qui a créé les chefs-d'œuvre d'art que vous avez prodigués est doué tout au contraire d'une sensibilité aiguë. Quand j'ai vu votre tendresse pour tout ce qui est petit et qui souffre, les enfants, les fleurs, les animaux eux-mêmes, j'ai souri à mon tour. Je l'ai compris : votre gaieté dans la douleur a la même racine que notre chanson dans la peine. Seuls des grossiers peuvent s'y tromper. En effet, la contrainte que nous et vous nous nous imposons à ce moment-là est une suprême politesse, c'est-à-dire un suprême courage.

« Il y a, Messieurs, entre l'esprit français et sa culture, l'esprit allemand et sa méthode cette différence profonde : l'esprit allemand s'enfonce, se perd dans l'analyse, dans l'infini détail. Il conduit à la poussière toute vérité qu'il touche. Il se complaît dans les minuties de cette dissection. L'esprit français est un esprit de synthèse. Il reprend toute cette poussière-là, il la ranime, il est un esprit d'idées générales, un souffle de résurrection. Or, autant que j'ai pu me rendre compte des dispositions de votre génie particulier, si, à une minute donnée, vous rêvez d'ajouter à votre culture japonaise une autre culture, il est moins profitable pour vous d'aller vous mettre à l'école du génie allemand qui vous propose de descendre en sa compagnie dans l'obscurité de la carrière, que de répondre à l'appel de l'esprit français qui vous invite à monter avec lui sur la montagne.

« L'amour des idées générales et l'esprit de synthèse ne sont pas plus une marque de légèreté que l'esprit chevaleresque et l'amour de la gloire ne sont des velléités nécessairement payées par un défaut de ténacité.

« Je viens de lire avec joie que, fidèles comme vous l'êtes, à vos engagements d'honneur qui, pour vous, ne sont pas des chiffons de papier, vous avez décidé de vous engager avec les Alliés dans la commune promesse de ne point signer une paix séparée avec les ennemis du Genre Humain. Qui donc a rendu une telle déclaration nécessaire? Dans la demi-clarté commençaient à circuler des rumeurs de paix. Qui les faisait courir? Les brigands qui ont rêvé de surprendre un passant inoffensif pour le voler, ceux qui ont manqué leur coup, ceux qui aperçoivent le châtiment tous les jours plus proche. Ce sont les Allemands qui ont besoin de la paix et qui en parlent. Ce ne sont pas ces jeunes soldats qui chez nous ont hâte de quitter l'école pour aller remplacer leurs frères. Ce ne sont pas ces femmes françaises que, — vous qui avez habité la France, qui êtes entrés dans nos familles, — vous avez connues mères admirables. Pas une parole de découragement ne se répand dans les lettres que les frères, les fils et les maris reçoivent dans la tranchée. Il n'y est question que de la victoire. Ce ne sont pas davantage nos ouvriers de France qui demandent la paix. Quelques mois avant la guerre ils croyaient que le Monde était devenu plus humain, plus fraternel. Leur déception ne les a pas aigris. Je leur ai entendu dire : « Les Allemands sont des esclaves. Ils sont inca-« pables d'acquérir par eux-mêmes la liberté et « la dignité humaines. Nous irons les leur porter « comme nos pères ont fait. Nous ne poserons nos « fusils que le jour où nous aurons tué le kaise-« risme. »

« Messieurs, vous reconnaissez ici des sentiments qui sont ceux de votre peuple en temps de guerre comme en temps de paix. Ces jours d'universelle angoisse passeront, une aurore se lèvera derrière ces fumées de canons. Voulez-vous que nous montions ensemble sur votre Fujiyama et que, de ces hauteurs, nous envoyions à vos lointains amis de la France le sourire du Japon? Cette aurore de paix fraternelle que le monde attend doit être pour le Japon et pour la France l'occasion d'une amitié plus étroite, de pénétrations plus nombreuses. Jetez les yeux sur la carte. Nous, là-bas, dans les mers de l'Ouest, vous, ici, au bord du Pacifique, nous formons comme les deux bras d'une parenthèse qui enferme les chances de civilisation promises à plus de la moitié du Globe Terrestre. »

Cette belle fête de cordialité, à laquelle M. l'Ambassadeur de France a été convié afin de lui donner son caractère véritable, a été, comme je l'ai dit, suivie d'un banquet. J'étais assis aux côtés du baron Ishii que M. Fourouitsi avait chargé du toast.

Le ministre des Affaires Étrangères a commencé par ces mots qui nous sont allés au cœur :

— Avant ma dernière ambassade, j'aimais la France comme elle mérite d'être aimée. Depuis que j'ai vu comment elle agit dans les épreuves qu'elle traverse avec tant de grandeur, je l'admire.

Cette formule exprimait bien les sentiments de l'assemblée. L'heure sonne où la confiance que la France a dans sa victoire et dans les suites heureuses de cette victoire, l'oblige à sortir de la demi-clarté où depuis des années elle se tenait en Extrême-Orient. Préparons-nous dès aujourd'hui à récolter dans l'amitié de tous, les bénéfices matériels de nos supériorités morales.

CHAPITRE XXII

NUANCES SINO-JAPONAISES

Le recueillement d'une traversée nocturne du détroit de Tsou-Sima, du port japonais de Shimonasaki, au port coréen de Fusan, m'est nécessaire pour me détacher, dans la mesure où l'impartialité le commande, du charme dont m'a enveloppé cette terre nipponne et des mirages dont m'ont bercé les paysages vraiment paradisiaques de la Mer Intérieure (1). J'ai, certes, reconnu avec une entière loyauté les difficultés de vie qu'imposent au Japon son aridité fleurie et, d'autre part, l'accroissement annuel de sa population. L'heure est venue de prêter l'oreille, avec une cordialité égale, aux témoignages que demain je recueillerai sur le continent chinois.

Je vais fouler pour la première fois le sol de l'Empire du Milieu ; mais la connaissance que j'ai de ses habitants n'est point nouvelle.

(1) Je renvoie le lecteur désireux de voyager au travers de ces beautés naturelles, dont le charme est unique, au livre de cet autre grand ami du Japon, M. Brieux. (*Au Japon*, chez Delagrave.)

Depuis la fin du dix-huitième siècle jusqu'en 1880, c'est-à-dire pendant près de cent ans, le pavillon des armateurs normands et bretons dont je descends, a flotté, autant dire de façon ininterrompue, dans les ports chinois. Nos trois-mâts les visitaient fidèlement dans leurs courses autour du monde. J'entends encore résonner dans ma mémoire d'enfant les récits de nos capitaines. Il y a cinquante ans, à la table de mon grand-père, ils nous contaient les merveilleuses aventures de leurs cabotages le long des côtes de la mer Jaune et de la mer Bleue. Deux impressions nettes se dégagent de ces belles histoires : la première a trait à la probité commerciale dont faisaient preuve les négociants, les banquiers chinois qui, de pères en fils, entretenaient avec les nôtres des relations d'affaires. En ces jours lointains où les câbles télégraphiques ne nouaient pas entre tous les ports du monde leurs réseaux sans rupture, les affaires se traitaient sur parole. Nous n'avons point gardé le souvenir d'un seul manque de foi qui nous ait laissés à découvert.

Un de ces correspondants chinois écrivit un jour à mon grand-père :

« Comptez sur la fidélité que nous apportons à tenir nos engagements. Cette loyauté nous procure chaque jour d'appréciables bénéfices. Ce serait une maladresse de nous discréditer pour forcer malhonnêtement un profit unique. »

Mais si le terrien chinois s'est révélé à nous supérieurement probe, nous n'avons pas eu à nous louer, en ces temps-là, de ses compatriotes de la mer. Jusque vers 1870, les eaux jaunes et bleues étaient infestées de pirates. Sans trêve, ils guettaient l'occasion de monter à l'abordage des navires. Parfois, ils s'en emparaient après des massacres affreux. Donc nos trois-mâts, porteurs de canons et de fusils, étaient armés comme des bâtiments de guerre. J'ai encore, fraîche dans la mémoire, l'aventure d'un de ces chers voiliers : il dut son salut à la décision de son capitaine et à la vaillance de son équipage. Il se nommait la *Caroline*. Il s'engageait dans le Pacifique avec une cargaison vivante de six cents coolies chinois. Il les transportait à San-Francisco. Presque au sortir de la rivière de Canton, il fut assailli par des pirates. Ces corsaires s'étaient accordés avec les coolies que nous tenions enfermés dans l'entrepont du navire. Les six cents jaunes avaient promis de se mettre en rébellion au moment précis où leurs complices monteraient à l'abordage. Les quarante hommes bretons et normands, qui formaient l'équipage de la *Caroline*, firent tête. Ils sortirent victorieux des mers de Chine avec des grappes de pirates et de rebelles pendus dans leurs vergues. Ce fait d'armes s'est passé vers 1867. Il a donné naissance à une chanson de marins que, pendant une quarantaine d'années, on a fredonnée au pied des mâts de tous les voiliers français. Il me manquait un couplet de cette complainte. J'ai eu la surprise de le recueillir, pendant mon séjour au Japon, chez un marin, devenu hôtelier, qui n'avait pas oublié ces temps héroïques.

Ces souvenirs qu'un homme d'âge moyen peut apporter dans ses bagages, au moment même où un luxueux paquebot japonais le débarque sur le quai coréen de Fusan, témoignent évidemment de la rapidité avec laquelle ce Monde Jaune a évolué au cours d'un demi-siècle.

Il fallait s'attendre à ce que le conflit dont l'Europe est enflammée rallumât, dans ce Monde Jaune-là, entre le Japon et la Chine, les querelles qui, en 1892, ont débuté avec la guerre sino-japonaise. A Tokio, on a mis sous mes yeux des collections de périodiques anglais publiés en 1914 à Shang-Haï et ailleurs. Les « Britishers (1) » y déplorent avec un mélange assez savoureux de naïveté et d'égoïsme l'entrée du Japon, aux côtés des Alliés, dans la guerre européenne. Ces doléances peuvent se résumer en deux lignes :

— Comment Londres peut-il croire que les

(1) Voir plus haut le sens que l'on donne à ce mot en Extrême-Orient, p. 73.

Japonais lui apportent un concours désintéressé?

Le jour où les Japonais ont rompu en visière aux Allemands qui les croyaient attachés à eux, sinon par un texte d'alliance, du moins par les bienfaits de la «Kultur», ils ont pensé que la guerre qui détournait de l'Extrême-Orient l'attention de toutes les Puissances européennes leur offrait une occasion uniquement favorable de jouer leur propre jeu. Dès la première minute, les Alliés ont déclaré qu'à la conclusion de la paix ils admettront autour du tapis vert ceux-là seuls qui auront pris part à la bataille. Les Japonais ont donc décidé d'y entrer dans l'esprit et au pied de la lettre des accords successifs (1) signés en 1902, 1905 et 1911. Cette résolution les a conduits au siège de Tsing-tao, la forteresse de la baie de Kiao-Tchéou, sur laquelle les Allemands appuyaient la concession qu'ils se sont découpée dans la province de Chan-Toung. Quand la ville a été réduite, non seulement par une attaque combinée des flottes anglo-japonaises, mais par un débarquement des armées nipponnes, les Japonais ont décidé de se substituer aux Allemands vaincus, dans tous les droits et privilèges que la Chine, certes à contre-cœur, avait cédés à ces ennemis.

Cette initiative et la façon dont elle s'est accom-

(1) Voir ci-dessus p. 96.

plie, a soulevé les susceptibilités de la Chine. Pouvait-elle justement espérer que les Japonais reprendraient bénévolement le large après avoir dépossédé les Allemands? Pouvait-elle conjecturer, sans un optimisme excessif, que les sujets du Mikado se considéreraient comme suffisamment payés de leur effort par la joie chevaleresque de restituer aux anciens propriétaires de ce territoire une concession arrachée par la force? Ce n'est pas seulement en Extrême-Orient que des actes d'un désintéressement si radical sont, autant dire, inconnus. Le Japon ne déclarait pas qu'il était résolu à se substituer définitivement aux vaincus de Tsingtao, mais il affirmait l'intention d'attendre l'heure des universels règlements de comptes pour mettre ses services sur la table et pour demander de quelle monnaie on entendait les rémunérer.

La Chine a cru qu'elle agirait habilement en n'attendant pas cette lointaine liquidation. Elle a essayé de rentrer dans ses droits de souveraineté. Elle a déclaré au Japon qu'elle ne maintiendrait pas plus longtemps l'existence de cette zone de guerre qu'elle-même avait délimitée, entre la concession allemande et son territoire, afin de permettre aux Japonais de donner l'assaut à Tsing-tao, du côté de la terre, tout en protégeant, du même coup, la neutralité chinoise. En effaçant cette zone, le gouvernement de Pékin supprimait du même coup la ligne où finissait l'intacte souveraineté chinoise et le point où commençait l'ancienne concession allemande, actuellement occupée par les Japonais.

Le Japon a eu beau jeu de répondre que si les Allemands sont momentanément expulsés de Tsing-tao, la guerre n'est pas finie. Il a fait remarquer que les Puissances Centrales ne sont pas écrasées. Ne peut-on toujours craindre quelque retour offensif? Enfin, en montrant tant de hâte à rentrer en possession d'une concession précédemment aliénée, la Chine ne manquait-elle pas d'égards envers les occupants de Tsing-tao?

A la même minute, les élections japonaises étaient proches. Le comte Okuma et son ministre des Affaires Étrangères, M. Kato, ne se sentaient point trop solides. Ils le savaient d'expérience : ils étaient sûrs de se concilier, chez eux, les sympathies populaires, en traitant la Chine sans ménagement. Ils ont donc informé leurs Alliés que la Chine ne voulait pas attendre les règlements généraux de la paix pour liquider les difficultés qui pendent entre elle et le Gouvernement du Mikado. Ils ont fait connaître que pour se conformer à ce désir, ils chargeaient leur ministre à Pékin, M. Hioki, de remettre au président Yuan-shi-Kai la liste de leurs propres *desiderata*.

Ces revendications portent sur les points suivants :

Comme prix de son intervention, le Japon demande à la Chine de souscrire d'avance aux accords qui interviendront entre lui et Berlin, relativement à tous les droits, intérêts et concessions, possédés par l'Allemagne. En foi de quoi, la Chine s'engagerait : à n'aliéner, à ne céder à bail, sous aucun prétexte, ni ladite province de Chan-Toung, ni aucune portion de cette province (y compris les îles qui se trouvent en vue des côtes). De nouveaux marchés seront ouverts dans la province de Chan-Toung. Le Japon obtiendra le droit de construire un chemin de fer. Il reliera le port de Tche-Fou à la voie ferrée Shang-Haï-Tien-Tsin-Pékin.

En ce qui concerne la Mandchourie du Sud et la Mongolie intérieure orientale, la Chine prolongera pour une période de quatre-vingt-dix-neuf ans les baux de Port-Arthur, ceux de Dalny, de la ligne du Sud-Mandchourien, du chemin de fer coréen qui relie Antoung à Moukden. Dans ces territoires les Japonais acquerront le droit de résidence. Ils pourront posséder des immeubles. Dans les mêmes régions, la Chine ne pourra accorder à une tierce Puissance aucune concession militaire. Elle ne pourra solliciter d'aucune Puissance quelconque des avances de fonds destinées à la construction d'une voie ferrée. Elle ne pourra lancer aucun emprunt gagé sur le produit de taxes ou de droits, sans avoir obtenu au préalable le consentement du Japon. La Chine ne pourra, pas davantage, engager à son service des conseillers politiques, financiers ou militaires, sans avoir obtenu l'agrément du Japon. Enfin l'administration et la direction du chemin de fer Kirin-Chang-Chun seront transférées au Gouvernement Japonais.

En ce qui concerne les prodigieuses richesses minières dont le centre de Hankeou, les arsenaux, les hauts fourneaux de Hanyang, sur le Yang-Tsé, assurent la transformation, on érige ce principe : dans l'avenir, au moment opportun, la « Hanyeping Company » sera placée sous un contrôle sino-japonais. De plus, en raison de la nécessité où l'on est de protéger les intérêts des capitalistes japonais, le Gouvernement Chinois réservera à ladite Compagnie l'exploitation des mines situées dans le voisinage.

Je n'examine pas ici la question de savoir si les Alliés ont estimé que la démarche que le ministre du Japon à Pékin, M. Hoki, venait de tenter auprès du président Yuan-Shi-Kai (janvier 1915) témoignait d'une impatience qui choisissait mal son heure. Si cette impression première s'est précisée, elle a tout de suite été dominée par un malaise encore plus vif. En effet, à la lecture des protestations de la presse chinoise d'abord, puis à travers les plaintes officieuses du gouvernement de Pékin, on a découvert ceci : en réalité le baron Kato, ministre des Affaires Étrangères du cabinet Okuma, présentait à la Chine une deuxième liste de revendications, celles-là secrètes et encore plus troublantes. Sans doute s'est-on demandé pour quelles raisons cet homme d'État celait sa seconde démarche à son alliée l'Angleterre d'abord, et puis aux alliés de son alliée. Lorsqu'on a été mis en présence du texte de ces exigences cachées, on a cessé de s'étonner. M. Kato n'a pas voulu mettre ses amis d'Europe au courant de son arrière-pensée, parce que, — il en convient lui-même *in petto*, — elle porte une atteinte directe à la « souveraineté » tant de fois proclamée de la Chine.

Voici, en effet, les concessions cruelles que, d'une voix qui monte à l'intimidation, le ministre des Affaires Étrangères du comte Okuma compte arracher à la faiblesse du président Yuan-Shi-Kai .

Le Japon veut contraindre le Gouvernement central Chinois à engager des Japonais influents aux titres de conseillers politiques, financiers et militaires. (Groupe V, Article Ier.) Il entend obtenir du Gouvernement Chinois la reconnaissance des droits de propriété concédés aux Japonais pour la construction d'hôpitaux, de temples, d'écoles dans l'intérieur de la Chine. (Art. II.) Dans des localités où de tels arrangements seraient nécessaires, la police devra être placée sous une administration sino-japonaise. Des Japonais seront employés comme officiers de police. (Art. III.) La Chine devra s'adresser au Japon pour la fourniture d'une certaine quantité d'armes. Elle établira des arsenaux sous une direction sino-japonaise. A cet effet, il sera fait appel à des spécialistes japonais et le matériel sera commandé au Japon. (Art. IV.) Le Japon se verra concéder le droit de construire : 1° un chemin de fer reliant Out-Chang à la ligne Kiukiang-Nantchang, 2° des chemins de fer entre Nangtchang et Hangtchéou et Nantchang et Tchaotchéou. (Art. V.)

En raison des relations qui existent entre la province maritime chinoise du Foukien et l'île de Formose, aujourd'hui japonaise, le Gouvernement du Mikado devra être fréquemment consulté. Quand? Chaque fois que la Chine songera à faire appel à des capitaux étrangers pour réaliser des constructions de voies ferrées, pour creuser des ports, pour établir des arsenaux, fonder des établissements de mines dans lesdites régions. (Art. VI.) Enfin, le Gouvernement Chinois devra reconnaître aux Japonais le droit de propagande religieuse en Chine ; dans l'espèce une propagande bouddhiste. (Art. VII.)

Pour juger une telle initiative sans trop d'effroi,

il convient sans doute de se souvenir que nous ne sommes pas seulement ici en Orient, mais en Extrême-Orient. La Chine témoigne de l'indignation bien naturelle que lui cause une telle sommation : on peut affirmer qu'elle ne la prend pas tout à fait au tragique. Elle en conclut ceci : la contre-partie qui lui présente un marché si inacceptable, se propose, d'autre part, de lui arracher, à la faveur de concessions prétendues, le plus de laine qu'elle pourra, le long de son échine.

Le changement qui vient de se produire à la direction des Affaires Étrangères de Pékin et qui remplace M. Soun-Pao-Chi par S. Exc. M. Lou Tseng-tsiang, autrefois Président du Conseil, récemment revenu d'une mission en Europe, est un appoint favorable au triomphe du bon sens. Renseigné comme il l'est sur la situation européenne, M. Lou se rend compte que les Alliés ne se trouvent pas momentanément en état d'intervenir entre la Chine et le Japon avec leur autorité coutumière. Il refusera de prêter l'oreille aux colères de cette partie de l'opinion qui clame :

— Acceptons tout, plutôt qu'un tel déshonneur ! Nous sommes quatre cents millions de Chinois. Nous connaissons notre force latente. Dans le passé nous avons annihilé les Mandchous ; ils se croyaient nos conquérants définitifs ! Nous absorberons de la même manière ces Japonais qui, aujourd'hui, veulent cueillir à nos dépens une victoire trop facile.

M. Lou a le courage de s'élever au-dessus de sa propre souffrance. Il étudie dans quelle mesure la Russie, l'Angleterre et la France sont ou ne sont pas lésées par les prétentions ouvertement avouées du Gouvernement Japonais. Cet examen lui dictera sa réponse au moins dans les grandes lignes. Il lui enseignera quelle résistance il peut, jusqu'au bout, opposer à son adversaire, quelles concessions il doit accepter. M. Lou le constate : depuis son échec de 1905, la Russie impériale s'est entendue avec le Japon au sujet du partage des influences en Mandchourie. Elle a conclu avec le Gouvernement du Mikado des engagements dont les termes ne sont pas connus à la lettre ; ils vont sûrement supprimer toute occasion de conflit. Le Ministre chinois en conclut que les concessions demandées par les Japonais dans cette région n'empiètent pas sur les avantages antérieurement réservés aux Russes. Petrograd en serait quitte, au besoin, pour réclamer, dans la zone d'influence russe, des satisfactions équivalentes. M. Lou a le sentiment qu'en Mandchourie et en Mongolie orientale le Japon est devenu le soldat avancé de la Russie.

D'autre part, on ne peut pas compter que l'Angleterre se mettra en travers de ces initiatives. Elle n'a, dans la Chine du Nord, que des intérêts secondaires. Mais toute alliée qu'elle est du Japon, M. Lou le sent bien : elle doit considérer avec un mécontentement vif les nouveautés que les Nippons voudraient créer à leur profit dans le bassin du Yang-Tsé. L'élément britannique a toujours considéré ces territoires comme un domaine réservé à son influence. Et aussi bien, qu'arrivera-t-il si les Japonais réussissent à mettre la main sur les principales usines de fer appartenant à la « Hanyaping Company », s'ils s'établissent fortement à Hankéou, s'ils obtiennent la concession de plusieurs lignes de chemins de fer au Kouang-Tsi et au Foukien? Ils deviendront des adversaires pour le développement de l'influence anglaise. Déjà, la navigation du Yang-Tsé est entre leurs mains. Ils font échec aux diverses lignes anglaises, chinoises et allemandes qui en concurrence desservent le fleuve.

En ce qui concerne la France, les demandes japonaises ne lui portent pas un grave ombrage. Les intérêts français sont sur la frontière du Tonkin dans le Sud. Par avance la France a renoncé à s'entremettre dans les démêlés qui viendraient à s'élever en Mandchourie entre Russes et Japonais. Tant que les exigences du gouvernement du Mikado ne seront pas en contradiction avec les déclarations échangées entre Paris et Tokio au sujet du maintien du *statu quo* en Extrême-Orient, la Chine ne peut pas compter que la France lui apportera un appui efficace.

Ayant ainsi froidement analysé les réserves que l'Angleterre, la Russie et la France peuvent opposer aux propositions avouées par M. Kato, M. Lou se décide. S'obstiner dans la résistance au delà de la bienveillante approbation de protestataires, qui n'appuieront pas ses refus, serait pour la Chine une erreur peut-être irréparable. Pour le reste il estime que, dans la voie des prétentions excessives, le Japon sera obligé de s'arrêter de soi-même. Certes les bénéfices industriels et commerciaux que lui procure la guerre sont importants, ils ne lui permettront dans aucun cas de mettre en valeur par lui-même les concessions qu'il feint de réclamer comme un dû. Sa principale banque en Chine, la « Yokohama Specie Bank », est, eneff et, pour une bonne part, constituée par des capitaux anglais.

Dans ces sentiments, le Ministère des Affaires Étrangères chinois rejette en bloc les clauses du Chapitre V. Il ne laissera pas dépouiller la Chine de sa souveraineté. Pour les autres propositions, il les discute, une à une ; il présente des contre-projets.

Et tout cela, concessions, résistances, aboutit

vers le 25 avril à un second projet d'arrangement. M. Hioki remet au Gouvernement Chinois une note retouchée. Elle comporte des modifications importantes. Elles concernent la Mongolie intérieure orientale. De même les demandes relatives à l'affaire d'Hanyaping sont remaniées conformément aux *desiderata* chinois. En ce qui touche à la promesse de ne point aliéner les côtes, on se contentera de la formule proposée par Pékin. Le président Yuan-Shi-Kai le déclarera spontanément : il veut mettre le littoral à l'abri de toute entreprise étrangère. Les propositions relatives aux conseillers, à la propriété des terrains sur lesquels on élèverait des écoles et des hôpitaux, seront atténuées. De même en ce qui concerne les demandes qui visent la province du Foukien. Pour les concessions de chemin de fer qui viendraient à être accordées dans le sud du Yangtse, on respectera les engagements déjà pris avec les Puissances tierces. Les questions relatives à la propagande religieuse sont réservées pour des négociations ultérieures, c'est-à-dire renvoyées aux calendes chinoises ; celles qui ont trait à des organisations policières en pleine Chine, sont purement et simplement retirées.

En présentant ce projet modifié, le Gouvernement Japonais déclare au Gouvernement Chinois : si, à la Conférence de la Paix, le Gouvernement du Mikado reçoit en rémunération de ses services la disposition de Kiao-Tcheou, il en fera restitution à la Chine. Cette bonne volonté sera récompensée de la façon suivante : la baie de Kiao-Tcheou sera ouverte, comme port de commerce ; une concession japonaise y sera établie dans un endroit désigné par le Gouvernement du Mikado ; une concession internationale pourra être accordée aux autres Puissances ; le Gouvernement Japonais et le Gouvernement Chinois se mettront d'accord sur l'attribution des monuments et des propriétés qui faisaient partie du domaine allemand.

Ces dernières propositions prennent la figure d'un ultimatum. Une tentative risquée par Pékin pour atténuer *in extremis* ce que ces conditions ont de rigoureux échoue contre les instructions définitives dont M. Hioki est porteur. Dans la nuit du 8 au 9 mai 1915, le Gouvernement Chinois décide de répondre à l'ultimatum japonais par une acceptation pure et simple.

Les choses en sont là. Il ne serait pas impossible qu'après ces sacrifices, qualifiés par le plus fort de « concessions mutuelles », un équilibre à peu près stable s'établisse entre la Chine et le Japon. Il conservera aux deux parties les allures du bon voisinage, — au moins jusqu'à la fin de la guerre.

CHAPITRE XXIII

LA CORÉE QUI MEURT ET QUI RESSUSCITE

Séoul, novembre 1915.

Des amis japonais, avec qui je suis en confiance, m'ont dit :

— Ouvrez bien les yeux quand vous traverserez la Corée et la Mandchourie. C'est une merveilleuse préface à la leçon que vous allez recevoir en Chine. Nous avons la fierté de penser que si vous observez en toute liberté d'esprit les résultats de notre intervention en Corée et de notre présence en Mandchourie, vous conviendrez que, sur ce versant oriental de l'Asie, nous sommes les instruments naturels des progrès, qui, tout d'abord, nous ont permis de devenir ce que nous sommes, et qui, à travers nous, fourniront à d'autres Jaunes une chance plus rapide d'évolution.

Tout le monde se fait complice du désir, dirai-je, « patriotique » où l'on est de me donner une occasion de voir, dans son meilleur aspect, la Corée devenue un prolongement de l'Empire Japonais.

Et, aussi bien, le hasard m'amène à Séoul, le jour même où toutes les autorités de la nouvelle colonie se sont donné rendez-vous dans la capitale pour célébrer, en même temps que le couronnement de l'Empereur, le cinquième anniversaire de l'installation des Nippons dans leur nouvelle conquête. En l'absence du Gouverneur militaire, qui s'est rendu à Kioto, le Gouverneur civil me fait les honneurs de cette réunion. Un équipage officiel est mis à ma disposition pour visiter la ville, ses nouveaux monuments, ses palais en ruines.

Le port coréen de Fusan est un beau portique par lequel on passe du Japon de la mer au Japon continental. Toutes les commodités des transports modernes ont ici été combinées pour donner d'abord aux voyageurs le sentiment d'une organisation parfaite : un paquebot de premier ordre et d'une propreté attrayante vient se ranger le long d'un quai d'accès facile. Il suffit de le traverser pour monter dans le train qui, en dix heures de temps, vous monte jusqu'à Séoul. Les voitures sont propres et spacieuses. Il y a un wagon-restaurant dont la cuisine est acceptable. Par les baies largement ouvertes de ces confortables voitures on aperçoit, jusqu'à la nuit, le déroulement d'un paysage qui est en singulier contraste avec cette terre du Japon que l'on vient de quitter.

La beauté du Japon, c'est l'arbre, soigné comme une fleur, partout groupé comme un artifice de décoration. Qu'il s'agisse d'une rizière ou de plants de thé, toute la campagne japonaise est travaillée à la main comme nos cultures maraîchères des environs de Paris. On ne sort pas des proportions et des minuties d'un incomparable potager dont les alignements font penser aux pages d'écriture d'un écolier très appliqué et très propre.

En Corée, l'horizon se dessine en lignes de plaines, de vallées, de fleuves, de montagnes, si largement esquissées, que l'on a la sensation d'un continent modelé à l'image de l'Océan lui-même. Ici, là, dans le voisinage des agglomérations humaines, quelques petits rideaux de peupliers font sourire un Français : on ferme les yeux pour se souvenir des paysages de notre Loire. Mais la règle, en dehors des espaces labourés et de la montagne clairsemée de végétations rabougries, c'est la disparition totale de l'arbre.

Ces plaines, ces vallées, qu'illumine aujourd'hui un brillant soleil de novembre, vont être, pendant des mois, livrées aux vents glacés. L'habitant de ces contrées, qui n'a pas su ouvrir pour se défendre contre le froid les mines de charbon qu'il possédait, pourtant, à portée de la main, a, pendant des siècles et des siècles, arraché, pour se chauffer, la souche des arbres après le tronc. Il a fait un désert d'une terre généreuse. Les médiocres masures qui abritent le Coréen ont des sous-sols à plafond de pierre. Là, pendant tout l'hiver, on allume de grands feux, afin de se chauffer à travers ces plafonds-parquets. Et les Japonais, si courageux à endurer le froid comme toutes les autres rigueurs, disent :

— C'est la passion de l'opium qui a engourdi le Chinois ; c'est la passion de la chaleur qui a endormi le Coréen.

Ce mot de « masure », dont je viens de me servir, est encore trop prétentieux pour peindre les agglomérations de sales huttes que sont ici les villages. Quel contraste avec les jolies maisons de campagne du paysan nippon ! L'habitude que les Coréens ont de déambuler, vêtus de longs manteaux de cotonnade blanche, aggrave cette impression de saleté. Les femmes ont beau laver, du matin au soir, ces blancheurs sont toujours souillées de terre, de suie et de graisse. Par contre, à distance, lorsque ces gens défilent, hauts de taille, si dignes d'allure, si imposants par leur simplicité, le spectacle est d'un attrayant pittoresque. Les taches de rose et de violet des costumes portés par les enfants, par les nouvelles mariées, par les femmes encore jeunes, promènent dans ce décor aride des évocations de fleurs. L'extraordinaire petit chapeau noir, à la fois pareil à nos chapeaux dits de

« haute forme » et à des chapeaux de clowns, dont se coiffent ces hommes vêtus de blanc, charme les yeux après qu'il a diverti. Et lorsque, au soir tombant, le long d'un fleuve aux belles eaux, encore pleines de lumière, on voit glisser, à califourchon sur son bœuf, un de ces paysans coréens, vêtu de blanc, coiffé du petit chapeau noir, on a vraiment la sensation que l'on vient d'entrer dans la vie d'une autre planète que la Terre.

A Séoul le contraste entre ce que la conquête a créé et ce qu'elle a effacé est plus vif encore. De la gare à l'hôtel, bâti par la Compagnie Impériale des Chemins de fer Japonais, on suit, en automobile, une belle voie, bien éclairée, dont s'enorgueillirait une ville de l'Ouest américain. L'hôtel a un restaurant, un bar, des chambres avec des bains, des ascenseurs, de l'électricité ruisselante. Lorsque le lendemain les autorités japonaises me font visiter la ville coréenne, ses maisons miteuses, ses ruelles défoncées, ses canaux fétides, elles ont au coin des lèvres un sourire de satisfaction légitime.

Les Japonais ont le droit de dire qu'ils ont apporté ici le progrès et les chances de l'évolution !

Ce sont eux qui ont replanté ces millions et ces millions d'arbres qui sortent de terre, et qui vont rendre à la Corée ses chances de fertilité, ici, là, compromises. Ce sont eux qui, en bâtissant ces belles voies, en drainant l'eau, ont arrêté les épidémies. Ce sont eux qui ont apporté la lumière, l'hygiène, bâti ces écoles, rendu obligatoire l'instruction et, naturellement, la langue japonaise, pour ces petits Coréens enveloppés de chemises si sales, et pour ces petites Coréennes habillées d'un rose si tendre. Ce sont eux qui ont doublé la production des pêcheries. Ce sont eux qui ont donné un nouvel élan à l'exploitation minière.

Ce sont eux encore qui, dans l'ordre moral, ont rendu confiance aux travailleurs de toutes catégories : agriculteurs, marchands, commerçants, qu'un impitoyable régime de caste avait réduits au désespoir, puis à l'indifférence et à la totale oisiveté. Le Coréen d'aujourd'hui est sûr qu'il ne sera pas dépouillé des produits de son champ, de l'œuvre d'art qu'il a créée, de l'argent qu'il a gagné dans son échoppe. Il a le bénéfice de lois qui lui donnent droit à la justice. Et si, à certaines minutes, il lui arrive de regretter qu'on l'arrache par ordre et surveillance de police à la torpeur et à la saleté où il s'enlisait, c'est que, déjà, il a oublié les misères de son passé.

Cela dit, quand je suis allé rendre une visite solitaire aux palais qui furent la demeure des rois de Corée, quand j'ai vu ce qu'en ont fait la dévastation de la guerre, le vide, une volonté, inavouée mais visible, de laisser tomber ces ruines en ruine, je n'ai pu me défendre de la mélancolie que l'on éprouve en face de ce qui fut grand et de ce qui ne sera plus.

Un printemps viendra réparer les blessures que l'hiver impose aux activités de la vie végétale; mais cet art coréen, qui fut une des plus fécondes racines de l'art japonais, qui lui transmit les rêves de la Chine et de l'Inde? Il ne ressuscitera pas. Il s'effrite, il se décolore, — déjà il n'est plus que le souvenir d'un souvenir.

Les heures de la beauté qui s'exprimait dans les arts semblent finies avec les volontés despotiques, avec les aristocratiques désirs qui les créèrent. Et pourtant !... Nous avons tout de même raison d'appeler « progrès », les chances de dignité morale, de justice, les espérances de paix dans le travail, les conquêtes sur la mort et sur la douleur, qui s'édifient, pour les multitudes, sur ces splendides écroulements.

CHAPITRE XXIV

LA BELLE MANDCHOURIE

Moukden, 18 novembre 1915.

Lorsque, le mois dernier, j'ai rendu visite au baron Kato, cet homme d'État m'a déclaré :

— Après la guerre, nos gens tenaient pour l'annexion de la Mandchourie. Elle nous avait coûté tant de sang ! J'ai résisté à cette concupiscence et, à ce temps-là, cela m'a nui. Aujourd'hui tout le monde se rallie à mon avis. Pourquoi, je vous le demande, souhaiterions-nous annexer la Mandchourie ? La Chine paye tous les frais de l'administration du pays (en prononçant cette phrase-là, l'ancien ministre avait au coin des lèvres un pli d'ironie), et, nous autres, Japonais, nous jouissons en Mandchourie de tous les avantages dont nous pouvions rêver : l'exterritorialité d'abord. Nous possédons la terre en vertu d'un système de baux, d'une durée de trente ans chacun. Ils peuvent se renouveler trois fois de suite, presque mécaniquement et sans frais. Les dispositions que nous avons obtenues sont avantageuses pour tout le monde, puisque la Chine ne peut plus refuser aux autres Puissances les avantages qu'elle nous concède sur ce point particulier. Il est convenu, toutefois, qu'en Mandchourie elle ne peut prendre les conseils d'une Puissance étrangère dont la collaboration avec Pékin nous donnerait de l'ombrage.

Lisons entre les lignes. Aujourd'hui, maître incontesté de la Corée, le Japon s'est ménagé, au moins dans la Mandchourie méridionale, une situation d'héritier privilégié. Et aussi bien, si l'heure des répartitions venait à sonner, qui donc songerait à lui disputer le territoire sur lequel déjà il a posé sa griffe?

Nous ne permettrons pas que l'Allemagne lui dicte sa loi. Les visées de l'Angleterre sont tournées vers le Yang-Tsé. Nos intérêts indo-chinois ne sont pas touchés par ces projets. Seule la Russie aurait quelque chose à dire dans ce débat. Or, il est évident qu'elle ne se fâche pas, mais que, bien plutôt, elle semble sourire au jeu qui se dessine. Si, un jour, la Chine ne pouvait plus défendre sa souveraineté entamée dans la Mandchourie méridionale, la Mandchourie septentrionale tomberait mécaniquement dans les mains de la Russie.

Et il faut reconnaître que la belle Mandchourie vaut les regards d'amour qu'on tourne vers elle.

J'ai dit les avantages que, déjà, le Japon tire de la Corée, les résultats qu'il est en droit d'espérer de ses initiatives. En Mandchourie on n'est plus placé devant les promesses, mais devant des profits en récolte. Vraiment cette plaine démesurée, que des murailles montagnardes soutiennent des deux côtés, m'a fait penser à une Beauce infinie, aux terres les plus riches du Kansas américain.

Il s'agit de plus de seize millions d'acres que couvrent des moissons de blé, de millet, de haricots, de sorgho. Dans les conditions d'une culture superficielle et primitive, la récolte monte, par an, à dix millions de tonnes. Le miel, derrière lequel il faut apercevoir les fleurs, ruisselle le long du fleuve Amour. Il y a des régions de forêts luxuriantes que le Japonais exploite. L'inventaire minier du pays n'est pas terminé, mais on sait que l'or, dans le nord, le charbon, dans le sud, ont été signalés.

La région méridionale possède un ver à soie de race sauvage qui se plaît sur les feuilles de certains chênes. Il produit le tussor, et en telle quantité que cette exportation se place au troisième rang des richesses de la Mandchourie. En vérité cette terre, qui, sur la carte, semble si éloignée de nous, est aujourd'hui à nos portes. Le steamer japonais que les Allemands ont récemment coulé en Méditerranée était tout chargé de haricots mandchouriens : il les apportait à nos combattants de la tranchée pour étoffer leur soupe !

Les chemins de fer japonais sont ici le point d'appui d'une mise en valeur méthodique de toute la contrée. L'impression est forte lorsque, dans le wagon nippon où l'on est monté à Séoul, on traverse le grand fleuve Yalou : il n'est pas seulement la limite officielle de la Corée et de la Mandchourie, mais la frontière qui sépare le Japon, devenu continental, d'avec le Pays Chinois.

Certes, ce formidable pont de fer, dont le centre s'ouvre pour laisser passer les plus grands navires, est imposant par lui-même. Lorsque, entre ses piles, on aperçoit la largeur de la rivière, — il y a moins de quatre ans il fallait encore la traverser en radeaux, voire en traîneaux, sur la glace, — on loue l'activité japonaise, qui, entre sa possession et sa convoitise, a voulu cette jonction commode. Mais ce qui est plus saisissant et plus instructif que tout le reste, c'est la différence radicale du spectacle qui s'offre au voyageur, à distance de quelques centaines de mètres de rails, hardiment jetés sur le vide. Au commencement de ce pont, sur lequel on s'engage avec lenteur, le Japon officiel finit. A l'extrémité par où l'on débouche, la Chine commence. On sort du Royaume de l'Ordre, de la décence, de la retenue, de la propreté vernie, tirée à quatre épingles. On tombe dans la Cour des

Miracles. Quelques centaines de mètres de ruban de fer et c'en est fini du façonnage de l'homme à une dignité d'allures extérieures qui voudraient être un reflet de la discipline du dedans. On débarque en plein Moyen Age d'Asie, dans l'anarchie, les haillons, les vociférations, les bousculades, la mendicité, la vermine.

Cette impression première de recul du progrès, d'inquiétude vague, de hérissement de la peau, se précise, quelques heures plus tard, à Moukden, lorsque, au milieu de la nuit, il vous faut quitter votre compartiment japonais, où vous avez été si à l'aise, pour entrer dans la crasse et les abjects relents d'un soi-disant « train de luxe » chinois.

J'écris ces lignes dans la salle à manger de la gare terminus que les Japonais ont construite à Moukden. Il est minuit et j'attends la correspondance du train chinois. Au dehors, la pleine lune brille dans un ciel de gelée. Tout à l'heure, je regarderai par la vitre de mon wagon les solitudes qu'elle éclaire. A une douzaine de milles d'ici, dans la direction du sud, nous longerons le champ de bataille qui, de février à mars 1905, fut le théâtre d'une lutte héroïque. Ici, les Russes, ont bordé 87 000 morts et les Japonais 67 000 dans le lit infini de la plaine. Il y a dix ans de cela. Et ce n'est pas seulement la paix qui, maintenant, règne sur les tombes d'adversaires qui furent pareillement chevaleresques : la vie a repris, plus féconde, plus riche qu'autrefois. Les cicatrices de la terre se sont effacées sous les socles des charrues : les fumées d'usines rayent le ciel, là où des nuages de poudre obscurcirent le jour.

La loyauté avec laquelle ces deux armées s'affrontèrent a permis un plus grand miracle : l'estime, presque l'amitié, en tout cas un mutuel désir de travailler en commun aux chances de l'histoire, remplacent la rivalité ancienne. Tels sont les fruits de la générosité et de l'honneur.

Hélas ! à nous autres, quand nous aurons vaincu, ces réparations-là ne nous seront pas possibles.

CHAPITRE XXV

LE CHARME DE PÉKIN

On ne descend pas pour la première fois sur le quai de Pékin sans une émotion légère. En effet, les contes, l'art, l'histoire, semblent s'être entendus pour décrire la Chine sous les traits d'un empire où vivraient des hommes à peu près aussi différents de nous que les habitants d'une autre planète.

J'ai entendu jadis le général Tchen-Kitong déclarer dans une conférence qu'il nous donnait à ce cercle d'étudiants, de professeurs, que l'on nommait le Cercle Saint-Simon :

— On nous accuse, nous autres Chinois, de prendre en toutes choses le contre-pied de vos habitudes. Illustrons cette querelle d'exemples qui l'éclairent : en Europe, vous attachez vos chevaux contre un mur. Ce faisant, vous les rendez stupides, peureux, à demi aveugles. Vous entrez dans vos écuries du côté des coups de pieds et des mauvaises odeurs. Nous autres, Chinois, nous tournons les naseaux du cheval par-dessus une porte basse. Il regarde passer le monde. Il devient familier comme un chien. C'est, bien entendu, le contraire de vos habitudes. Est-ce nous qui avons tort? En France, quand un régiment passe, tambours battants dans la rue, les petits enfants montrent à leurs mères le colonel sur son cheval. Ils déclarent : « Nous serons soldats! » En Chine, quand un lettré de haut rang s'avance, balancé dans son palanquin, toute la foule s'incline. La jeunesse se jure à soi-même, dans le fond de son cœur : « Un jour je serai cet homme! » Ainsi de suite.

Ces propos rejoignent dans ma mémoire des souvenirs encore plus anciens. Tout le long du dernier siècle, les trois-mâts qui battaient le pavillon de mes grands-pères et puis de mon père, ont fréquenté les mers de Chine. Ils passaient par le cap de Bonne-Espérance. Ils allaient charger à Canton et à Shang-Haï des milliers de coolies chinois. Ils les portaient à San-Francisco et puis, par le cap Horn, ils rentraient au Havre, d'où ils étaient sortis. Il arrivait qu'ils fussent attaqués dans les Mers Jaunes par ces innombrables pirates qui égorgeaient les équipages et s'emparaient des navires. Pareil sort faillit advenir à un de nos voiliers qui est resté célèbre dans les annales de la marine française. J'ai déjà dit un mot de la complainte qui fut composée sur l'aventure de notre *Caroline*. Le mois dernier, je l'ai entendu chanter sur les quais de Yokohama. Ainsi j'entre en Chine avec l'état d'âme qui convient, c'est-à-dire que je sens remuer en moi le souvenir de tous ceux dont je sors.

Quel est donc le charme surprenant, aussi étrange que les fantasmagories d'opium, dont, dès ce seuil de la capitale chinoise, on se sent enveloppé? Au sortir de la propreté et de la discipline japonaises, le passage de la frontière mandchoue m'avait imposé une sensation pénible de saleté et d'anarchie. Certes, Pékin n'est pas propre, et Pékin vit, à sa guise, dans une cohue qui n'est pourtant pas une bousculade. Huit jours de fréquentation de cette terre miraculeuse ont suffi pour me masquer l'universel écroulement dont tant d'incomparables beautés d'art émergent ici, comme un parterre de fleurs de la décomposition des vies végétales. Avec un sourire, on se laisse rouler dans les remous de cette foule en crasse et en haillons qui emplit les avenues interminables, les places, les ponts, fait des cercles de badauds autour de la plus petite aventure de rue. On goûte la saveur de cette formule si chinoise de gouvernement : tout est défendu et tout est permis. On aperçoit les cicatrices des révolutions et des émeutes qui ont ensanglanté cette ville. On comprend la raison d'être de ces murailles qui, partout, en tout sens, découpent la cité et enferment des forteresses dans des forteresses. On remarque que les services de police sont assurés par des soldats qui, deux à deux, la carabine sur l'épaule, contrôlent l'ordre, parfois à l'aide de leurs crosses, comme au besoin ils l'orienteraient à coups de fusils. Et cependant ! Jusqu'à la nuit tombée, jusqu'à l'heure où de pauvres et rares lumières s'allument dans la ville chinoise et dans la ville tartare, où de certaines portes, que la Révolution a ouvertes, se ferment dans la Ville Interdite, on a la sensation que l'on circule avec une sécurité parfaite au milieu de cette foule inoffensive et pittoresque.

J'obtiens les permissions ordinaires et les permissions exceptionnelles. Je profite de cette radieuse lumière hivernale pour visiter le Temple du Ciel, le Palais d'Été, des temples, des pavillons, hier encore secrets, l'enceinte où le Président de la nouvelle République, Yuan-Shi-Kai, installe son quartier général.

Les contrastes que la rue révèle s'affirment dans ces cadres impériaux avec un relief encore plus saisissant. « Toutes les extrémités des choses humaines », dirait Bossuet. La splendeur sans nom et la misère inavouable. Une audace à créer dans la beauté qui n'a rien ménagé, qui a ignoré le prix des matières précieuses, du travail, du temps, et puis une indifférence totale à soutenir ce que l'on a si noblement conçu et qui s'effrite. Je me suis souvenu des pistes de caravanes qu'autrefois j'ai longuement suivies, à travers les déserts africains : des ossements les jalonnent, tandis qu'au-dessus d'elles l'horizon circulaire se déploie sous le ciel concave.

Un proverbe loyal dit :

« Comparaison n'est pas raison. »

Je ne puis tout de même pas m'empêcher de noter les impressions qui m'assaillent au cours d'une visite du Temple du Ciel, tandis que je gravis les degrés de marbre de l'Autel des Sacrifices. Devant la magnifique audace de cette architecture qui n'a pas craint de ressembler à un devoir de géométrie, j'évoque les sensations que m'ont laissées ces contructions japonaises où la richesse et la splendeur s'unissent. Et, par exemple, l'image du temple de Iésasu, à Nikko. J'ai toutes fraîches dans la mémoire les visions de parties magnifiques. Une superbe réussite s'ajoute ici à une autre, et laisse, finalement, dans l'esprit un total d'émerveillement. Mais, jamais, devant ces architectures nippones, je n'ai ressenti l'émotion que m'impose, à cette heure, la simplicité chinoise, divine et nue. Ce Temple du Ciel est un exact miroir de la passion plastique que ce monde chinois a séculairement nourrie pour les idées générales, — de la faculté qu'il possède encore d'embrasser, avant d'agir, l'entier horizon de la pensée.

CHAPITRE XXVI

LE CHAMP CLOS DES LÉGATIONS

Quand on sort de cette idéologie et que l'on entre dans cette forteresse particulière qui s'appelle le « Quartier des Légations », la surprise est vive. Dirai-je qu'elle ne tourne pas à l'honneur de notre civilisation occidentale? Le souvenir des incendies et des massacres que les Boxers, instruments de l'Impératrice défunte et de sa haine contre l'étranger, ont imposés à Pékin en 1900, plane sur ces murailles crénelées, percées de meurtrières, flanquées de bastions, serrées les unes contre les autres, malgré le présent état de guerre, comme si, soudain, elles craignaient de voir surgir un autre péril qui réconcilierait toutes les diplomaties dans l'union d'une commune défense.

Les rares pays neutres qui, à l'exemple de Sosie, se sont déclarés « amis de tout le monde », continuent de donner l'hospitalité à tous les belligérants. Ils ignorent leurs querelles et, dans certaines cérémonies, ils leur imposent de fâcheux coudoiements. Mais à Pékin, dans le Quartier des Légations, ce contact est la condition même, diurne et nocturne, de la vie. Chacun arbore son drapeau au-dessus de sa porte cochère et le fait garder par des soldats armés. Comme les rues ne sont pas bien larges, on est obligé de prendre des précautions entre ministres de l'Entente Cordiale et des Puissances Centrales, pour ne pas se rencontrer sur le trottoir, nez à nez.

Le matin, le spectacle est particulièrement pittoresque. C'est l'heure où d'innombrables petits enfants, roulés dans des voitures blanches, ou conduits par les mains de nurses très stylées, vont prendre le soleil. Bien entendu, ces agneaux et ces brebis ne faisaient, naguère, qu'un seul troupeau. Aujourd'hui, on ne se connaît plus. On se croise avec une indifférence plus grave encore que l'hostilité. Cette nécessité où l'on est de s'ignorer les uns les autres, gagne jusqu'aux bêtes de service. La grande distraction des ministres, des attachés de légation, de leurs femmes, de leurs filles, de leurs entourages, est à Pékin, le trot et la galopade, sur des poneys du pays, dont les yeux sont intelligents, l'encolure un peu courte et qui passent pour infatigables. Le matin, des équipes de ces poneys, chaudement enveloppés dans leurs couvertures, parcourent les rues de la ville diplomatique, à l'heure où les « babies » se promènent. Les palefreniers qui les tiennent en main savent qu'un poney a beau être chinois, il n'a pas le droit, s'il appartient au ministre d'Allemagne, de faire sa promenade hygiénique aux côtés du poney de M. le ministre de France.

J'ajoute que les meurtrières qui flanquent les portes monumentales des légations ne servent pas seulement à passer des canons de fusils. On prétend que des yeux vigilants sont toujours braqués derrière ces embrasures. On guette la sortie de l'adversaire qui demeure en face. Si sa voiture sort, on veut savoir où elle va. Au ministère des Affaires Étrangères ou vers le palais du Président? Toute audience déclanche aussitôt une, deux, trois autres audiences. Tous les coups sont parés, toutes les feintes sont permises.

Dans ces conditions c'est, pour un étranger de passage, une redoutable épreuve que d'être invité à fréquenter le club où, tous les soirs, le corps diplomatique se groupe. La guerre n'a rien changé aux usages. Les Allemands, les Autrichiens, les Turcs sont ici coude à coude avec les Français, les Anglais, les Russes et les Italiens. Les neutres, Espagnols, Hollandais, Scandinaves, qui ont conservé la liberté d'aller d'un groupe à l'autre, ne servent pas entre eux de liaison. Ils aggravent plutôt les difficultés auxquelles à tout mouvement du corps et de la pensée on se heurte, car ce club est tout naturellement pourvu de journaux en diverses langues et il reçoit, des premiers, les dépêches qui apportent des nouvelles très attendues.

CHAPITRE XXVII

LE JAPON BARRE LA ROUTE A YUAN-SHI-KAI

La nouvelle qui, ces temps-ci, défraie les conversations des deux groupes de diplomates accrédités à Pékin, est l'initiative que le Japon a prise d'arrêter le président Yuan-Shi-Kai sur la route triomphale de son couronnement. Elle dépasse l'opposition que le gouvernement du Mikado pourrait diriger contre une personne particulière, dont, pour ses propres intérêts, il redouterait l'énergie et les vues. Elle s'étend à toute velléité du même caractère. Évidemment le Japon désire voir son puissant voisin s'affaiblir dans les convulsions qui accompagnent nécessairement l'établissement d'un régime démocratique. Cela ne veut pas dire que, dans des préoccupations analogues, il ne serait pas prêt à encourager la restauration de la dynastie mandchoue.

Cette résolution s'est déclanchée dans les derniers jours d'octobre. J'ai été le témoin de l'émotion qu'elle a causée à Tokio, dans le corps diplomatique européen. Le baron Ishii, ancien ambassadeur du Japon à Paris, ministre des Affaires Étrangères dans le cabinet Okuma, a prié les ambassadeurs accrédités auprès de son Souverain de venir conférer avec lui. Au cours de ces entrevues, il les a successivement et individuellement informés que le Japon venait d'envoyer une note à la Chine. On avertissait amicalement le président Yuan-Shi-Kai que le projet d'une restauration monarchique auquel il donnait tous ses soins ne semblait pas une entreprise opportune. On témoignait de l'inquiétude qu'une telle transformation vînt à provoquer dans l'empire chinois, — particulièrement dans le Sud, — des désordres graves. On faisait valoir que la minute où les nations européennes sont tout à fait distraites de leur politique asiatique et des intérêts qu'elles y développent, n'est pas favorable pour risquer une expérience grosse d'inconnu.

Les diplomates avaient accueilli cette communication imprévue selon leurs tempéraments et leur degré d'intimité avec le Gouvernement Japonais, dans des formes de surprise polie qui leur ont fait hausser les sourcils, plus ou moins haut. On s'est tourné vers l'Angleterre, l'alliée du Japon. On lui a posé du regard cette question muette :

— Vous étiez dans la confidence?

Et, sans attendre une de ces réponses qui sont

embarrassantes quand un diplomate doit se prononcer par un « non » ou par un « oui », on a conclu :

— Le Gouvernement Japonais aurait peut-être pu nous informer de sa décision avant qu'elle fût accomplie.

Ce regret de n'avoir pas été informé n'était pas le fait d'une susceptibilité exagérée. En effet, le cabinet Okuma ne s'est pas contenté d'avertir les représentants accrédités à Tokio de l'initiative qu'il venait de prendre. Il a demandé aux Puissances, Alliées et Amies, d'appuyer, par des démarches parallèles, le « conseil » que lui-même adresse au Président de la République chinoise. Je me souviens qu'au lendemain même du jour où cette tragi-comédie s'est jouée, j'ai assisté, chez le comte Okuma, au déjeuner qui réunissait le corps diplomatique. Et le ministre de Chine était mon voisin de table. On n'osait pas trop le regarder. Des amis japonais qui ne désiraient point me voir entamer la conversation avec lui, m'avaient affirmé — évidemment par erreur — qu'il ne comprenait pas un mot d'anglais. Le fait est qu'au milieu de tous ces gens embarrassés, ce Céleste, jeune, gracieux, courtois, se mouvait avec une aisance, une ignorance voulue des choses désagréables qui venaient de se passer, dont le spectacle était un régal délicat.

Les colporteurs de potins du cercle diplomatique

de Pékin me content, pour me récompenser des nouvelles que je leur apporte, qu'eux-mêmes ils ont eu, en cette occasion, leur minute de comédie. M. le Ministre de Russie rentrait, avec quelques amis, d'un pique-nique dans la campagne quand on est venu lui annoncer que le doyen du corps diplomatique, M. le Ministre d'Angleterre, escorté de M. le Ministre du Japon, qui avait l'air de le garder à vue, était en train de monter l'escalier du Ministre des Affaires Étrangères chinois, M. Lou. Il venait l'informer d'une résolution à laquelle Yuan-Shi-Kai ne s'attendait pas. Là-dessus, M. le Ministre de Russie, qui, sans doute, avait ses raisons de derrière la tête, a sauté de l'automobile tout poussiéreux, et, sans prendre la peine de s'épousseter, il s'est jeté dans l'escalier du ministère. Au haut de l'escalier il a rejoint M. le Ministre du Japon un peu surpris et M. le Ministre d'Angleterre un peu penaud.

Aujourd'hui l'incident est clos. La France a marqué par un délai de quelques jours que si, en cette occasion, elle ne se sépare pas de ses amis, elle tient, d'autre part, à ménager les susceptibilités du Gouvernement Chinois. L'Italie a imité cet exemple. Les États-Unis ont préféré s'abstenir. La première surprise dissipée, les cercles diplomatiques de Tokio et de Pékin se sont posé cette question un peu embarrassante :

— Quelle est au juste la portée de cette démarche par laquelle, au nom de craintes qui pourraient être chimériques, le Japon intervient dans une affaire que les Chinois ont, sans doute, le droit de considérer comme un événement de politique intérieure?

A Tokio, des gens optimistes affirmaient que les Japonais ont surtout agi par mauvaise humeur. La proclamation d'un Empereur en Chine, à la minute même où le Souverain du Japon annonce à ses peuples et à l'Univers son accession au trône, est apparue comme un acte de concurrence déloyale. On aurait eu le sentiment que Yuan-Shi-Kai ne joue pas franc jeu, lorsque, pour placer la couronne sur sa tête, il profite d'une telle occasion et met le Souverain du Japon dans l'obligation de lui retourner, à titre d'Empereur, les félicitations que lui-même adresse au nouveau Mikado.

CHAPITRE XXVIII

LA NEUTRALITÉ DE LA CHINE EST-ELLE INTACTE?

Si distraite que l'opinion française, justement occupée de sa propre bataille, puisse être de ce qui se passe de l'autre côté du monde, elle se rend compte qu'un conflit où la Chine et le Japon se heurteraient aurait sur l'action européenne, dans laquelle nous sommes engagés, des répercussions plus qu'indirectes. C'est le fait d'un grand chef d'armée et d'un grand peuple de prévoir au delà des nécessités du jour et, dans les plus graves préoccupations de détail, de conserver la rare faculté de raisonner avec lucidité sur l'ensemble.

Sachons donc que la Chine est à la veille de sortir de sa neutralité. Bien sûr les conseillers ne lui manquent pas qui continuent à lui prédire que la force et les chances finales du succès sont du côté des Austro-Germains. Nous autres, Français, nous avons contribué, pour notre part, à placer à la tête de la petite armée internationale qui défend les légations un officier norvégien. A quoi bon imprimer son nom, puisqu'il est sorti de la neutralité qui, sans doute, était son premier devoir? On dit qu'il va tous les soirs au Palais faire la partie d'échecs du président Yuan-Shi-Kai. Il lui porte les nouvelles, tendancieuses et autres, dont le ministre d'Allemagne a garni son portefeuille.

Ce ne sera pourtant pas de ce côté-là que la Chine s'orientera si elle décide de faire un choix. Je n'hésite pas à prédire qu'elle se rangera du côté de la France, de la Russie, de l'Angleterre, de l'Italie, voire du Japon. Elle a horreur que l'on porte atteinte à ce qu'elle nomme sa « souveraineté ». L'Allemagne, avec son manque de tact habituel, est en train d'empiéter sur cette « souveraineté-là ». Elle s'est permis des actes qui n'autorisent plus la Chine à soutenir que sa neutralité est intacte.

La France, l'Angleterre et la Russie sont d'accord pour présenter à l'unisson ce réquisitoire :

— Les Puissances Étrangères jouissent en Chine de la juridiction consulaire. Les Chinois peuvent arrêter un étranger délinquant. Après cela ils ont le devoir de le remettre entre les mains de son consul propre. Or, quel parti les Allemands ont-ils légalement tiré de ce bénéfice de l'extra-territorialité? Ils ont transformé en forteresse Tsing-Tao qui leur avait été cédé à bail pour des fins commerciales. De cette ville, ils ont fait une base d'hostilité pour les commodités d'une guerre où la Chine neutre n'a rien à voir. Ils ont appelé à eux tous les Allemands qui étaient en âge d'être mobilisés. Ils les ont constitués en corps. Cependant il n'y avait d'accès à Tsing-Tao que par le territoire chinois. A telle enseigne, que, pour permettre aux Japonais d'y accéder, les Célestes ont dû créer artificiellement « une zone d'hostilité ».

Telle est la première et formidable brèche pratiquée par les Allemands dans la neutre hospitalité que les Chinois leur octroient. Voyons maintenant comment ces mêmes Allemands se comportent vis-à-vis des Puissances qui, au même titre qu'eux-mêmes, ont droit au bénéfice de la neutralité chinoise.

La Russie prend la parole et constate :

— Au début de la présente année 1916, le capitaine allemand von Papenheim a disparu de Pékin. Il avait sollicité et obtenu du Gouvernement Chinois des passeports et des autorisations « pour aller chasser » en Mongolie. En réalité, il s'était mis en route, en compagnie de six de ses compatriotes, abondamment pourvus d'armes et d'explosifs. Il se proposait d'atteindre le Transsibérien, aux environs du Baïkal, et de faire sauter la ligne et les tunnels. De ce chef il aurait arrêté tout le ravitaillement que, par Vladivostock, la Russie reçoit du Japon et des États-Unis. Pour réussir dans ce projet, il lui fallait le concours des tribus mongoles. Les chefs, dont il a cru acheter l'appui, vivent en bons termes avec la Russie. Ils l'ont fait tomber dans un piège et au moment où il se croyait assuré du succès ils l'ont massacré, lui et sa bande. L'enquête russe a tout retrouvé : les papiers, les armes, les explosifs. Il est établi que l'officier allemand abusait de sa situation militaire dans un pays neutre. Il a profité de sa fonction pour tromper le Gouvernement Chinois. Il a fait sur un territoire neutre acte de belligérant. De ce chef il a engagé la responsabilité de la Chine que le Gouvernement Russe n'aurait pas manqué de mettre en cause dans le cas où ce projet aventureux aurait réussi.

La France témoigne :

— Depuis le début de la guerre, notre frontière indo-chinoise vit en état de troubles. A l'heure actuelle, nous perçons à jour l'origine de ces complots. Les interrogatoires des Annamites rebelles qui ont fait leur soumission, ne laissent pas subsister de doutes sur l'origine du mouvement. Les instigateurs de ces rébellions avouent que l'argent nécessaire à leurs entreprises est fourni par le consul allemand, résidant en Chine, à Canton. A Miungho, dans le Haut-Laos, ces rebelles assassinaient les Français. Ils se sont emparés d'un poste où ils se sont maintenus pendant la saison des pluies. Ils ont agi avec le concours d'un Autrichien. Ce personnage, ancien fonctionnaire de la douane chinoise, a démissionné pour se faire entrepreneur de désordres. Il reçoit de Canton des mitrailleuses Maxim.

L'Angleterre précise :

— Ne parlons que de ce qui aboutit à des scandales publics. Sur la route des Indes, les Français viennent d'arrêter le paquebot japonais *Iro-Maru*. On a trouvé à bord un quidam, hier encore consul d'Allemagne en Chine, à Moukden et à Hankeou. Au moment où ce passager a compris qu'il allait être capturé il a jeté par-dessus bord son code et le plus qu'il a pu des explosifs dont il était transporteur. Hier, on a établi par voie de justice que, du fait des Allemands, Shang-Hai est en train de devenir un centre d'approvisionnements pour les armes et pour les explosifs que l'on essaie de faire passer aux Indes.

Que penser, au milieu de tant d'aventures, de la neutralité de la Chine?

Elle n'est plus qu'une robe en loques. La Chine n'ignore pas qu'au lendemain de la paix, les Alliés pourraient bien venir, avec des figures de menace, se plaindre que de telles complaisances aient été longuement tolérées. D'avance elle s'en inquiète. Elle se demande à quels moyens elle pourra recourir pour se justifier aux yeux de trois Puissances redoutables qu'elle a lésées sans le vouloir.

Il serait à souhaiter que le Gouvernement Japonais pesât cet état d'âme chinois. Les journaux nippons que l'on m'envoie de Tokio se demandent avec amertume :

— Est-ce l'Angleterre, la Russie ou la France qui, au moment où nous nous engageons à ne point signer en dehors des Alliés une paix séparée, conseillent à la Chine de se rapprocher d'eux afin de nous lier les mains à nous-mêmes?

La Chine prend ici une initiative toute personnelle. L'inquiétude où elle est de ses responsabilités suffirait à expliquer sa conduite. Elle a d'autres raisons encore que l'on peut apercevoir. Les unes d'ordre tout à fait positif, les autres qui relèvent d'une politique et d'un état d'esprit nouveaux.

CHAPITRE XXIX

UNE AFFAIRE AVANTAGEUSE

Toutes les fois qu'il s'est agi de choisir entre deux maux le moindre, la sagesse chinoise a toujours fait preuve de perspicacité. Au moment où il a paru qu'il pourrait être de son intérêt de sortir d'une neutralité qui ne la protège plus, elle jette les yeux autour de soi.

Elle se sent vraiment hors des atteintes de l'Allemagne. Avec nous autres, Français, Russes, Anglais, elle a des frontières communes. Et, sans doute, elle ne considère point comme une protection naturelle le bras de mer qui la sépare du Japon. Lorsque, dans ces conditions, elle fait le total de ses appréhensions, la Chine estime, fort sagement, et d'elle-même, qu'elle aurait intérêt à changer une neutralité en ruine contre la décision virile qui la ferait, elle aussi, l'alliée active des Alliés.

Disons-le tout bas, tout bas : à supposer que le Japon lui apparaisse comme une menace qui prendrait l'occasion de troubles pour intervenir en territoire chinois, quelle meilleure protection pourrait-on rêver contre l'initiative du voisin que l'amitié des Alliés, au milieu desquels on serait venu se tapir? Du coup on deviendrait sur un pied de parfaite égalité, l'alliée du Japon lui-même.

Oui, la Chine a une juste notion de sa faiblesse, mais ce n'est point ce sentiment douloureux qui, à l'heure actuelle, pèse le plus lourdement dans les conseils de nos alliés de demain.

Quand la Chine rêve aux avantages qui accompagneraient pour elle une rupture avec l'Allemagne, elle n'aperçoit à cette décision que des suites heureuses. Cette rupture mettrait en question le principe même de la Juridiction Consulaire qui est pour l'amour-propre des Chinois une si grave blessure. Grâce à elle, on ne peut pas dire que l'on « reconquerrait » une souveraineté intégrale, car jamais on ne l'a possédée, mais on l' « acquerrait ». Et il faut avoir causé avec des Chinois pour comprendre tout ce qu'enferme pour eux d'espoirs et de rancœurs ce mot de « souveraineté ». Il est la formule que prend la plainte quand la force extérieure des Puissances s'impose à la faiblesse chinoise avec trop de rudesse. Ce n'est pas une protestation de la chair qu'on mutile : c'est un regret de l'âme. Elle se sentait née pour une destinée plus haute et elle pleure sur la déchéance qu'il lui faut momentanément accepter.

L'acte par lequel la Chine briserait avec les Allemands lui permettrait de supprimer, du jour au lendemain, les concessions qu'elle a dû accorder aux Austro-Germains dans les ports ouverts. Les conséquences d'une telle initiative n'iraient pas sans causer aux Alliés eux-mêmes quelques inquiétudes explicables. Empire restauré ou république, la Chine n'a pas suffisamment transformé ses vieilles méthodes d'action pour que l'on puisse lui reconnaître sans crainte une souveraineté intégrale dont on ignore l'usage qu'elle ferait. Mais il n'y a point là d'obstacles irréductibles et l'on pourra sans doute se mettre d'accord sur les conditions d'un état transitoire.

Enfin la Chine aperçoit dans une rupture avec les Allemands des profits financiers qui ont la valeur d'une tentation. Au lendemain de cette décision, elle ne serait plus dans l'obligation de payer à une nation devenue son ennemie les coupons de la Dette extérieure. Le profit serait notable. En ce qui concerne le dernier emprunt du Consortium International : l'Allemagne y est inscrite pour un cinquième. Du même coup, l'on n'aurait plus à payer la part servie aux Austro-Allemands sous le nom d' « Indemnité Boxer ». L'économie en vaut la peine, car, de ces chefs divers, la Chine chaque année verse à l'Allemagne une somme de cinquante millions de francs.

S'il est doux de ne plus payer des dettes contractées de mauvaise grâce, il est pour le moins aussi agréable de se procurer, du jour au lendemain, le crédit dont on a besoin. Afin de payer les dépenses qui ont été déjà engagées dans les préparatifs de son couronnement, le président Yuan-Shi-Kai souhaite contracter un emprunt d'une quarantaine de millions de francs. Il le sait : il ne peut dans ce besoin s'adresser au Consortium International. Il n'est pas sûr, malgré les affirmations de son partenaire d'échecs, le colonel norvégien, que l'Allemagne serait actuellement en état de lui prêter l'argent qu'il lui faut. Il craindrait d'ailleurs de se compromettre définitivement en frappant à cette porte unique. Reste donc à tâter la bonne humeur des Alliés qui, sans doute, ne refuseraient pas le service qu'on leur demanderait, en échange d'une rupture bien nette avec leurs adversaires.

Qu'est-ce donc qui retient encore le président Yuan-Shi-Kai de nous tendre la main?

Évidemment, il y a des minutes où cette pensée traverse ses insomnies :

— Et si, à la fin, les Allemands étaient victorieux?

Il y en a d'autres où l'hypothèse de cette victoire se formule dans son esprit, non plus comme une crainte, mais comme un vague espoir. Qui sait? Une Allemagne victorieuse ferait contrepoids en

Extrême-Orient aux exigences du Japon... Elle reprendrait Tsing-Tao... Les chemins de fer du Shang-Toung...

Par bonheur, l'Allemagne elle-même a pris soin de tuer cette fantaisie dans l'œuf.

Après la prise de Tsing-Tao, on a vu le chargé d'affaires de l'Allemagne à Pékin, M. von Matzahn, aller rendre au ministre du Japon une visite assez inattendue. Il souhaitait, disait-il, rentrer en possession de quelques caisses de champagne oubliées dans une cave de sa maison de Tsing-Tao. Il apportait, en réalité, des propositions plus sérieuses. Il était venu dire au diplomate qu'il visitait :

— Votre gouvernement aurait tort d'envoyer contre nous des troupes en Europe. Après la guerre et la victoire, nous serons occupés à digérer les colonies africaines de la France et de l'Angleterre. Nous ne songerons pas à vous reprendre Tsing-Tao : nous vous abandonnerons l'Asie.

Bien entendu ce n'est pas M. von Matzahn qui a colporté l'histoire. Ce n'est pas le colonel norvégien qui l'a contée au président. Le fait est que Yuan-Shi-Kai en a eu connaissance et ses adversaires eux-mêmes s'accordent à lui prêter une mémoire sans défaillance.

CHAPITRE XXX

LA PRESSE JAPONAISE SE MÉPREND

La Chine est directement intéressée à sortir de la neutralité pour se joindre à nous : ce serait chose faite si les Alliés, aussi bien qu'elle-même, n'avaient pas à prendre en considération les susceptibilités que cette nouveauté éveille chez les Japonais.

Je l'ai constaté lors de mon passage à Tokio : à proprement parler, ce que nous nommons l'« opinion publique » n'existe pas au Japon. Il ne faut pas s'étonner, dans ces conditions, des excès auxquels la presse japonaise s'abandonne à l'occasion. On doit se souvenir qu'elle en use de même à l'endroit de son propre gouvernement. Après cela, si l'intérêt bien entendu du Japon se fait clair et s'il impose, les polémiques s'arrêtent court. En temps de paix on réalise une union de pensée et de volonté qui a été chez nous un des résultats exceptionnels de la guerre. Cela dit : si l'on devait, ces jours-ci, considérer les passions de la presse japonaise comme un reflet exact des sentiments du gouvernement nippon, il en faudrait conclure : l'Alliance anglo-japonaise a vécu, les Japonais signeront demain une paix séparée, ils reviennent à l'Allemagne, et, conséquence logique, un débarquement de l'armée japonaise en Chine est imminent.

Rien n'est plus contraire à la réalité. Toute cette colère provient seulement de la façon malheureuse dont les négociations qui s'ébauchent ont été jetées dans une lumière trouble. Pendant quelques heures, la presse japonaise a pu s'imaginer que le Japon était joué par les Alliés :

— Comment? disent en substance les journaux que m'envoient mes amis de Tokio. Les Alliés obtiennent de nous la promesse que nous les suivrons jusqu'au bout de la campagne. Et voilà qu'ils en profitent pour négocier avec la Chine un arrangement qui bouleverse nos espérances? L'Angleterre ne peut nous promettre qu'elle ouvrira à nos travailleurs les frontières du Canada et de l'Australie. Nous n'espérons point après cela que les États-Unis modifieront les rigueurs de leur politique californienne. L'expansion sur le littoral chinois est donc la seule ressource qui nous reste. En effet, notre population s'accroît constamment. Nous sommes dans l'impossibilité de la nourrir sur notre propre sol. Une impérieuse nécessité nous oblige à chercher du côté de l'Ouest les chances de vie qui nous manquent. Ces circonstances créent sans doute au Japon, en Chine, des « intérêts spéciaux ». Nous ne sommes pas les premiers à nous servir de ce terme-là ! Cependant les Alliés feignent d'oublier ces conditions particulières. Dans l'arrangement qu'ils proposent ils mettent la Chine à peu près sur le même pied que nous. Ils lui ouvrent le moyen de s'asseoir, au jour de la Paix, autour du tapis vert. Son inertie sera traitée avec autant de faveur que notre coopération efficace. Nous sommes donc des dupes.

Je sens avec chagrin que les journalistes japonais qui écrivent ces articles ne se considèrent pas seulement comme lésés dans des intérêts qu'ils estiment légitimes. Ils souffrent, par surcroît, d'apparaître dans une lumière ridicule. En effet, le Japon a toujours affirmé qu'il veut d'abord fortifier la « souveraineté » de la Chine, ensuite aider à « maintenir la paix intérieure » dans ce pays pendant les heures difficiles de la guerre. Ce plan comporte l'espoir que des troubles politiques ou des bagarres économiques donneront au Japon l'occasion d'intervenir chez son voisin. L'initiative que les Alliés conseilleraient à la Chine met ces espérances en déroute. Si la Chine, comme on l'écrit à Tokio, « vient se cacher au milieu des Alliés », le Japon sera obligé de sourire à ce qui le blesse le plus, d'approuver ce qui limite ses espérances, ou bien de découvrir une désillusion dont sa dignité ne pourra que souffrir.

Par bonheur, toute cette irritation est sans fondement. Il faudra qu'elle tombe comme un château de cartes, puisque les Alliés ne sont coupables d'aucune duplicité, puisque c'est le bon sens de la Chine, réveillé dans un sursaut, qui l'oriente, et, certes, fort à propos, du côté de l'Entente. Les loyales paroles que sir Edward Grey envoie à ses amis japonais feront le reste.

J'ai causé tous ces jours-ci de ces difficultés et de ces chances d'un retour de belle humeur avec les différents diplomates qui représentent les Alliés à Pékin. On est charmé de constater avec quelle hauteur de vues, quelle loyauté, vis-à-vis des deux pays en cause, quelle force intérieure d'accord, ils envisagent la solution de ces difficultés, réelles et apparentes.

Les Alliés mettent tout d'abord ce principe hors du débat :

Dès le début de la guerre, le Japon a rendu à la cause commune des services de haut prix. Les amitiés japonaises ne se sont pas seulement exprimées par un choix, elles se sont traduites par des actes. Au contraire, si intéressante qu'elle apparaisse pour aujourd'hui ou pour demain, l'entrée de la Chine dans l'Entente n'est qu'un projet. En aucun cas, ceci ne saurait être sacrifié à cela.

En second lieu : le Japon a fait vers la civilisation européenne un effort méritoire. La passion avec laquelle il s'est mis à son école, la force qu'il a tirée de ces leçons, lui donnent des titres pour réclamer en Extrême-Orient une considération particulière. Il proclame tout le premier qu'il est d'accord avec l'Europe pour maintenir en Chine deux principes qui sont la base de tous les accords?... C'est à savoir la reconnaissance de la souveraineté chinoise et le maintien de la porte ouverte. Sur ces bases on peut causer avec le Japon dans l'intérêt général de la civilisation, de la Chine, des Alliés et de lui-même.

CHAPITRE XXXI

RÊVE ET RÉALITÉ

A la veille de la guerre, le Japon portait dans son cerveau un grand songe. Songe imprécis, comme tout ce qui dépasse la réalité et confine au mirage. Il enviait aux États-Unis la fierté qu'ils ont eue de formuler la doctrine de Monroe et puis de la soutenir. Il rêvait de donner, de l'autre côté du Pacifique, une réplique à la doctrine qui dit : « L'Amérique sera réservée aux Américains. » Il avait décidé dans son cœur que les Pays Jaunes doivent être réservés aux Jaunes.

Les Japonais ont terriblement souffert du demi-dédain avec lequel les Européens ont dans le passé traité ces « Jaunes-là ». Ils estiment que par leur promptitude à s'assimiler tous les progrès qui sont les applications de nos découvertes scientifiques, ils se sont révélés nos égaux. Ils nourrissent une sourde irritation contre la Chine qui, malgré les grandeurs de son passé, la hauteur de sa philosophie, l'ancienne excellence de sa culture scientifique, la magnificence de son art, s'est laissée entamer par des agressions que sa seule faiblesse a faites victorieuses. Ils prévoient que la Chine n'acquerra pas à temps l'organisation moderne qui lui permettra de défendre sa souveraineté contre de nouveaux empiétements. D'où ce paradoxe : les Japonais souhaitent que la souveraineté de la Chine ne souffre pas de nouvelles attaques, et, en même temps, il leur semble naturel de succéder aux Européens — qui ne sont pas des Jaunes — dans tous les postes où ces Blancs ont été installés, avec le consentement de la Chine elle-même. Dans ces sentiments, les Japonais s'étonnent que les Chinois ne les accueillent pas avec gratitude quand ils leur proposent de doter la Chine du système nerveux qui manque à son corps splendide. On pourrait ensuite étendre ces réformes au monde indo-chinois, voire à l'Inde, et ainsi l'Asie serait restituée aux Asiatiques.

Il est bien remarquable que l'empereur Guillaume, qui a rêvé pour l'Allemagne les mêmes chances de domination, a été le premier à lire dans ces secrètes espérances du Japon. Sur quoi il a poussé ce cri :

— Gare au Péril Jaune !

Les Japonais ne tiennent pas compte ici d'un fait d'histoire naturelle : les espèces les plus voisines sont tout justement celles qui se tolèrent le moins. Le léopard et le tigre vivent mal côte à côte. Non seulement ils ne cherchent pas à créer des hybrides, mais on dirait qu'ils fuient cette chance comme le pire des dangers.

Les Chinois en usent de même. Ils me répètent à l'envi :

— Ce sont les Mongols, nos dominateurs, qui ont eu peur des forces de la nature. Ils ont préféré les adorer que les domestiquer. Nous sommes tout prêts, nous, Chinois, à rompre avec ces pratiques d'ignorance et à nous orienter du côté des profitables applications des conquêtes scientifiques que l'Europe a réalisées. Ce jour-là nous irons demander des leçons à l'Europe elle-même. Ce serait une étrange sottise que de nous mettre à l'école des Japonais, qui, eux-mêmes, sont vos écoliers.

Il est impossible d'énumérer dès aujourd'hui les changements que la guerre va produire dans les mœurs politiques des combattants. Tout le monde prévoit que le kaiserisme y laissera des plumes. Il est bien probable que le tzarisme en sera gravement touché. Les combinaisons politiques qui se nouent aujourd'hui entre Tokio et Petrograd pourraient bien laisser indifférente une Douma qui prendrait plus d'importance dans l'orientation de la politique russe. La nécessité d'organiser des territoires immenses, qui ne sauraient être mis en valeur sans beaucoup de temps et beaucoup d'efforts, détournera sans doute une Russie consciente de ses intérêts véritables, d'aventures asiatiques où la justice est mise en péril sans que les intérêts russes y soient décidément engagés. Ainsi le Japon qui s'obstinerait à fonder pour demain tous ses espoirs en Mandchourie et ailleurs sur la collaboration efficace de la Russie pourrait s'exposer à des mécomptes. Ses vrais amis ne sauraient trop lui conseiller d'abandonner l'ombre pour des profits dont la valeur est incontestable (1).

Si, en entrant dans l'alliance, la Chine vivifie sa souveraineté défaillante, elle se trouve, du même coup, placée dans l'obligation d'ouvrir le pays chinois plus largement que jamais au commerce et à l'action étrangers. Cette nouveauté va offrir aux Japonais une occasion précieuse de développer en Mandchourie leurs intérêts agricoles et de colonisation. Ils pourront, d'autre part, élargir les intérêts d'exploitation métallurgique qu'ils se sont ménagés dans la vallée du Yang-Tsé. Ils passeront à la construction de ce chemin de fer, dit du Fou-Kien, qui leur permettra d'accéder au Yang-Tsé dans des conditions uniquement favorables. Pour ceux de mes lecteurs qui n'auraient pas une carte

(1) Écrit en septembre 1915.

sous les yeux, je note ce détail géographique : le Fou-Kien est la province du littoral chinois qui fait face à l'île, aujourd'hui japonaise, de Formose. La construction du chemin de fer en question, dirigée vers la partie la plus riche de la Chine, offrirait aux espérances avouables et avouées du Japon des chances magnifiques.

Je viens de constater que l'Angleterre elle-même ne s'oppose pas irrémédiablement à cette construction de voie ferrée. Sans doute, un dicton court parmi ceux que l'on nomme ici les « Britishers », c'est-à-dire les Anglais nés en Extrême-Orient, uniquement absorbés dans leurs affaires et un peu oublieux des intérêts généraux du Royaume-Uni.

Ils disent :

— La vallée du Yang-Tsé est un territoire de chasse réservé aux Anglais.

Le fait est que nul texte de traité, connu ou secret, ne justifie cette prétention. La diplomatie anglaise accréditée à Pékin ne la soutient pas comme un dogme.

En dehors de ces avantages à longue portée et qui sont de nature à mettre de la bonne humeur entre la Chine et le Japon, on aperçoit des profits de route. Ils pourraient être immédiatement recueillis. Si l'entrée de la Chine dans l'alliance met les Autrichiens et les Allemands dans l'obligation de quitter le pays, ils abandonneront du coup la part importante qu'ils occupent dans l'exploitation métallurgique des richesses du Yang-Tsé. Ce sera une nouvelle chance offerte à l'action du Japon qui, comme on le sait, est dépourvu de fer.

Enfin, c'est un fait que les Allemands et les Autrichiens occupent dans l'administration chinoise une multitude de fonctions supérieurement rétribuées. Elles vont se trouver vides. Tout d'abord dans les douanes, dans ce que l'on nomme ici l' « indoor ».

Hier soir, au club, on a fait à côté de moi le compte de ces situations lucratives. Elles montent à quarante et une places, dont les émoluments annuels flottent entre vingt-cinq mille et cinquante mille francs. De même a-t-on signalé, dans les services dits d' « outdoor », plus de cent places à recueillir.

On ne s'attend pas à ce que j'énumère ici, à l'avance, la quantité et la qualité de la monnaie qui pourrait être offerte aux Japonais en compensation de quoi?

De projets de conquêtes territoriales dont ils se défendent? De droits spéciaux dont l'Europe n'a jamais entendu parler et qu'assurément elle n'a pas reconnus?

Parlons franc : il y a des situations de fait qui

n'ont pas besoin d'être précisées pour que l'on en tienne compte dans la mesure de la justice et du bon sens. Or, la Chine est un pays de grand bon sens, et les Alliés sont en train de combattre pour le triomphe de la Justice.

CHAPITRE XXXII

COUP D'ŒIL DANS L'AME CHINOISE

Je viens d'avouer à un Chinois qui a pris dans la révolution une part prépondérante, l'étonnement où l'Europe a été plongée quand on lui a dit que la Chine ne se contentait pas de détrôner une dynastie décriée, mais qu'elle voulait recouvrir le trône d'une housse et prendre désormais la figure d'une République.

Mon interlocuteur est d'abord resté silencieux. Évidemment, il souffrait de constater, une fois de plus, que l'Europe accorde peu de crédit aux velléités de réformes que la Chine fait paraître. Enfin il a prononcé :

— En Europe, où j'ai vécu, on reproche à mon pays d'ignorer la civilisation occidentale : permettez-moi de vous dire, sans paradoxe, que la vraie Chine est, pour le moins, aussi inconnue des Européens. Pour ne parler que de la France, vous nous prêtez, depuis Voltaire, des vertus que nous désirons acquérir et des singularités que nous n'avons pas. Je voudrais illustrer mon propos d'un exemple:

« Un colonel de la Légion française, qui a pris part à la répression des Boxers, m'a, lui-même, conté cette anecdote.

« Il était entré avec ses hommes dans un village de la banlieue de Pékin. Les habitants de ce bourg n'avaient pas tiré un coup de fusil. Il ne s'agissait donc pas de prendre d'assaut ce carré de maisons, mais seulement de les occuper. En conséquence, le colonel français dit à ses soldats :

« — Je ne permettrai pas qu'un seul des habitants de ce village soit molesté. S'il y avait mort d'homme, je traiterais le fou qui aurait commis ce crime inutile comme un meurtrier de droit commun. C'est bien compris ? »

« Là-dessus, la troupe s'engage dans une ruelle montante.

« Devant sa boutique, derrière une table sur laquelle un peu de marchandises était étalée, un Chinois était assis. C'était un homme extraordinairement obèse. Il faut croire que cet embonpoint a tenté un légionnaire.

« Il se sera dit :

« — Ça serait drôle de dégonfler cette outre-là !

« Et, alors, en passant, il a enfoncé sa baïonnette dans le ventre du marchand.

« Une heure plus tard, le mourant était apporté sur un matelas et déposé aux pieds du colonel.

« Cet officier avait peine à maîtriser sa colère. Il dit à l'agonisant :

« — Es-tu sûr que tu reconnaîtrais l'homme qui t'a porté ce coup de baïonnette ?

« — Oui, dit le marchand.

« — En ce cas, je vais faire défiler devant toi les soldats qui ont passé par ta rue. Tu me désigneras le meurtrier.

« Ce qui fut fait. Les soldats défilent devant le matelas l'un après l'autre, le Chinois ne bronche pas.

« Le colonel demande :

« — Tu as retrouvé ton homme ?

« — Oui.

« — Et tu ne l'as pas nommé ?

« — Non.

« — Pourquoi ?

« Alors l'homme au ventre crevé a prononcé :

« — On m'a dit que vous alliez passer par les armes le soldat qui m'a porté ce coup. C'est long de faire un homme ! *Ce qui m'est arrivé est déjà assez bête.* Il ne faut pas que deux hommes meurent pour cette sottise. »

Là-dessus, il y a eu une seconde de silence, et le narrateur a conclu :

— Je sais ce que vous autres, chrétiens, vous nommez la charité. C'est un mouvement d'amour, c'est parfois un pardon du cœur. Ce que je vous cite là, c'est un pardon de la raison, un acte de désintéressement total de soi-même, qui est froid comme un raisonnement de mathématique. Il comporte, tout de même, vous en conviendrez, une vertu, très haute? Elle est essentiellement chinoise.

« Ce genre de vertu-là ne pouvait pas plaire aux divers missionnaires qui sont venus, de bonne foi, nous apporter les formes de vérité dont ils sont dépositaires et dont ils estiment que nous avons besoin. Ils ont jugé que notre attitude est un acte d'orgueil, et que, par là, elle est d'un mauvais exemple. Ils ont jeté un voile sur elle. Jamais ils n'ont parlé de ce que nous faisons de bien. Ils ont, au contraire, mis dans une lumière crue tous les préjugés, toutes les innombrables erreurs qui, très naturellement, se commettent dans un pays de quatre cents millions d'habitants, où il y a beaucoup d'ignorance.

« Les marchands qui nous ont découverts les premiers ne nous ont pas mieux traités. Ils désiraient décourager leurs concurrents d'entrer en relations avec nous. Ils voulaient se réserver le droit — et à eux seuls — de nous dépouiller à leur fantaisie. Ils s'en souvenaient : ailleurs on est venu à bout des Indiens américains et des nègres en leur versant à pleines rasades de l'alcool frelaté. Ils ont essayé d'arriver chez nous au même résultat en nous imposant le vice de l'opium. Je dis « imposant », car, vous le savez bien, l'on nous a fait la guerre pour nous obliger à consommer cette mauvaise drogue? Et, pour le constater en passant, si l'Europe ne ménage pas son approbation au Tzar Nicolas parce que, d'un trait de plume, il a supprimé, dans toutes les Russies, la consommation de la vodka, ne serait-il pas juste d'approuver, comme elle mérite de l'être, la résolution que la République chinoise a prise de fermer désormais les avenues du pays aux importateurs d'opium? »

Et mon philosophe a conclu :

— Au lieu de s'obstiner à nous vendre ce que nous ne lui demandions pas, au lieu de nous corrompre pour s'enrichir à nos dépens, le commerce européen aurait mieux fait de s'enquérir un peu de nos penchants, de nos goûts, de nos qualités, de nos mœurs familiales. Que n'a-t-il fait, à cet ensemble d'honnêtetés, le crédit qu'elles méritent? Les Allemands sont ce qu'ils sont, mais, enfin, cet effort-là ils l'ont tenté. Et la Chine les en a tout de suite récompensés. Avec quelle ampleur! Les statistiques le disent. Faites donc une enquête là-dessus et rapportez vos conclusions en France. La France va triompher dans cette guerre, c'est entendu! Mais à quoi lui servira-t-il de vaincre, si demain elle ne veut pas profiter de sa victoire? »

CHAPITRE XXXIII

DES CHIFFRES

Quiconque a écrit sur le Japon le note : le dédain où l'aristocratique société des Samuraï tint perpétuellement les réprouvés qui s'occupaient de négoce a été la cause du manque de scrupules dont le commerce japonais apparaît marqué dans le passé et encore aujourd'hui présente des vestiges. Des gens à qui l'on refuse la considération veulent, à tout le moins, tirer avantage de leur mise à l'index. Au contraire, dans le classement par ordre de dignités de la société chinoise, le commerçant occupe un rang d'honneur. Les égards dont le trafiquant chinois se sent entouré ont contribué à fortifier le respect dont lui-même soutient sa parole.

A supposer que la source de cette morale ne monte pas plus haut que l'intérêt bien entendu, encore convient-il d'en louer l'effet comme un acte de raison et d'expérience supérieures.

Je retrouve à Pékin quelques descendants des notoires négociants chinois, immigrés de Canton, qui, pendant des générations, furent avec les miens en relation d'affaires.

J'ai goûté ces jours-ci, chez l'un d'eux, une hospitalité particulièrement cordiale. Selon l'usage, les conversations qui ont suivi un repas à la chinoise, d'une ordonnance exquise, ont duré une partie de la nuit.

Nous sommes partis des souvenirs du passé, pour raisonner des changements que la guerre prépare et des chances qu'elle doit offrir au commerce français.

— Rappelons-nous toujours et d'abord, me dit mon hôte, que la Chine est un pays de onze millions de kilomètres carrés. Là-dessus vit une population de quatre cents millions d'habitants. Depuis vingt ans, nous avons fait plus d'efforts qu'on ne le croit, pour mettre industriellement en valeur les richesses naturelles de notre pays ; mais les résultats obtenus, quand on les compare à nos besoins immédiats, sont encore insignifiants. La Chine n'a pas fini de recourir à l'industrie européenne. Vos fils, vos petit-fils auront l'occasion de beaucoup travailler avec nous. Ainsi ils renoueront une tradition où les vôtres ont eu leur part et qui a été interrompue par l'irruption de l'Allemagne sur notre marché. Oui, on peut le dire : jusqu'à la fin du dix-neuvième siècle, la France, l'Angleterre, le Japon et les États-Unis furent nos seuls correspondants d'affaires.

Nous voulons préciser la minute à laquelle on voit la faveur de la Chine s'orienter vers un fournisseur nouveau : l'Allemand.

On peut citer ici une date : c'est le 6 mars 1898 que la Chine donne à bail à l'Allemagne le port de Kaotchéo. Sur ce point fixe, le Kaiser appuie tous les développements de sa politique commerciale.

Quand je demande :

— Est-ce la supériorité des produits allemands qui a fait leur succès?

On me répond :

— Non pas. Cette victoire économique est uniquement due à l'art supérieur avec lequel vos adversaires ont distribué leurs marchandises au travers du pays. Et aussi bien ces moyens n'ont-ils rien de miraculeux. L'Allemagne est partie de ce principe qu'elle ne devait pas chercher à nous imposer les produits qu'elle fabrique, mais bien créer directement, à notre usage, des articles qui correspondraient à nos besoins et à nos goûts. Une pareille enquête a dû être dispendieuse. L'Allemand, qui sait risquer pour gagner, n'a pas jugé que cette mise au jeu lui coûtait trop cher. Il était décidé à pousser les choses à fond et il a été récompensé de son obstination. Nous avons vu des installations d'offices commerciaux s'établir dans tous les centres importants, là où les enquêteurs s'étaient montrés en reconnaissance. On nous y a offert les marchandises que nous désirons, et, ce qui est pour le moins aussi important, on nous a cédé ces objets de convoitise contre de longs crédits.

Là-dessus, mon correspondant a rempli une fois de plus ma tasse de thé, sans doute afin d'aider à la digestion de la vérité fâcheuse qu'il se croyait, de bonne foi, contraint à me servir, puis il a levé les yeux au ciel et il a dit :

— Comment se fait-il que vous autres, Français, qui êtes si honnêtes, et qui n'avez point la réputation d'être rapaces, vous marquiez tant d'impatience à être payés, autant dire comptant, par vos clients? Vous défiez-vous de leur probité? Ce serait maladroit. Aimez-vous mieux perdre d'importantes chances de gain, que vous exposer à la perte la plus légère? On le dirait. Vous n'êtes pourtant point des nouveaux venus en Extrême-Orient? Vous avez dû le démêler : on nous enlève tout le désir que nous avons de consommer, si l'on exige de nous un payement immédiat. On va répétant que les Allemands ne sont pas psychologues. Je le crois, autrement ils n'auraient pas pris tant de plaisir, dans des occasions historiques et récentes, à nous humilier inutilement; mais, en matière commerciale, ils sont vos maîtres et les nôtres. Ils ont tout de suite démêlé que l'on pouvait faire fond sur notre probité et ils nous ont, eux, concédé de longs crédits. Ont-ils eu à s'en plaindre? Consultez les statistiques. Je parle de ces chiffres qui sont publiés par l'administration de nos douanes. La jalousie de toutes les Puissances européennes surveille, en concurrence, ces statistiques-là ; de ce chef, on ne saurait démentir leurs affirmations.

Là-dessus, mon ami s'est fait apporter ces Tables du Jugement. Il en a placé sous mes yeux l'édition anglaise. Il m'a donné tout le loisir de les parcourir, puis il a conclu :

— Que démontrent ces chiffres? Ceci d'abord : le meilleur client de la Chine, c'est le Japonais. Il achète chez nous, c'est-à-dire au plus près, les moyens de subsister qui lui manquent sur ses îlots de cailloux. Sa note, pour l'année 1913, monte à tout près de deux cent vingt-six millions de francs. Qui vient après? Qui vide le plus largement sa bourse dans les mains des Chinois? C'est la France. A la même date, vous achetez chez nous pour tout près de cent quarante millions de matières premières et de marchandises diverses, telles la soie grège, le coton, le thé, les poteries, le riz, les porcelaines, les peaux. Les États-Unis, avec leur population formidable, passent après vous ; ci : cent trente millions. Quant à l'Angleterre et à l'Allemagne, elles ne sont nos clientes à l'exportation que pour des sommes vraiment insignifiantes : l'une comme l'autre, moins de soixante millions. Or, si l'on regarde l'autre face de ce problème des échanges, si l'on se demande non pas qui nous achète le plus, mais qui nous vend le plus, un chassé-croisé se produit qui n'est certes pas à votre avantage. Vous autres, Français, qui achetez chez nous pour cent quarante millions de produits chinois, vous ne nous vendez que pour dix-huit millions de produits français ! Pendant ce temps-là, l'Angleterre, qui nous impose soixante-douze millions de ses marchandises, n'achète que cinquante-quatre millions des nôtres ; enfin l'Allemagne, qui importe chez nous quatre-vingt-dix-sept millions de fourniture allemande, ne consomme que cinquante-huit millions de produits chinois, soit, tous comptes faits, en faveur de l'Allemagne un boni de trente-huit millions de francs, un boni de seize millions en faveur de l'Angleterre, et un débours de cent vingt-deux millions à la défaveur de la France ! Il est impossible que cette infériorité de traitement ne touche pas votre amour-propre? Il doit stimuler votre esprit d'initiative (1).

(1) M. Tai Mingfou, attaché à la Légation de la République chinoise à Paris, a publié dans *la France universelle* (1er mai 1917) des tableaux qui complètent, avec une précision instructive, les indications qu'on vient de lire.

« Pour apprécier, dit-il, l'importance prise par le com-

Il y a des minutes de demi-lâcheté où l'on hésite à se jeter dans le courant sous prétexte qu'il roule des eaux trop pressées. Je n'ai pas cédé à ce vertige. Aussi bien ai-je la foi intacte que, victorieuse, la France saura réparer les errements de la France défaite.

J'ai donc répondu à ce fils d'un ancien ami de mon père et des mes grands-pères :

— Croyez-le, la France fera ce que vous atten-

merce de l'Allemagne avec la Chine, il suffit de se reporter aux chiffres ci-après, pour les années 1912 à 1914. »

I. Importations

En millions de taëls Haïkwan.
(La valeur nominale du taël Haïkwan est de 3 fr. 45 en 1914.)

	1912	1913	1914
Allemagne	21,1	28,3	14,1
Angleterre	74,8	98,9	104,9
États-Unis	36,1	35,4	40,7
France	2,1	5,2	4,9
Japon	91,0	119,3	120,6
Total	225,1	287,1	285,2

II. Exportations

En millions de taëls Haïkwan.

	1912	1913	1914
Allemagne	14,3	17,1	10,2
Angleterre	15,8	16,3	22,1
États-Unis	35,1	37,6	39,8
France	38,8	40,7	22,8
Japon	55,2	65,5	63,4
Total	159,2	177,2	178,3

dez d'elle. Mais, après la guerre, lorsqu'elle va se remettre au travail, à peine convalescente de ses blessures, trouvera-t-elle en Chine l'accueil que mérite sa vaillance?

Mon hôte est devenu grave, et puis il m'a répondu :

— Sitôt la paix signée, grâce à la restauration de l'esprit chinois qui, désormais, va primer l'esprit mandchou, grâce encore au triomphe des idées libérales, l'industrie chinoise va prendre un essor magnifique. Mais nous ne disposons point des capitaux qui nous seront nécessaires pour exploiter la richesse inouïe de notre sous-sol et pour mettre sur pied les entreprises gigantesques que nous sentons toutes prêtes à éclore. Il nous faudra recourir, une fois encore, au crédit étranger. Croyez-le, ce jour-là, avant que d'apposer notre signature à côté de la sienne, nous regarderons notre prêteur bien en face. Nous ne voulons plus recourir aux mauvais offices de ceux qui, dans un prêt d'argent, ne trouvent qu'une occasion de nous asservir, au moins de nous dépouiller. Ces mœurs ne sont pas les mœurs de la France. On a connu un temps où elle était pour les honnêtes gens le bon banquier. Pourquoi n'aspirait-elle pas à devenir, pour la même clientèle, le fournisseur que l'on préfère?

CHAPITRE XXXIV

YUAN-SHI-KAI VU DU DEHORS

Ce Président qui rêve de devenir Empereur est aujourd'hui aussi invisible à Pékin que le fut autrefois le Fils du Ciel lui-même. Il fait courir dans la ville le bruit qu'il est souffrant. Cela lui donne la facilité de remettre les audiences qu'il avait accordées quand il n'est pas en humeur de prendre une résolution, et, d'autre part, de ne jamais paraître en public, ce qui l'abrite contre les périls et les manifestations.

Je sais tout de même ce qu'il fait, comment il vit, grâce à son médecin particulier, un Français d'un rare mérite, le docteur Bussière, qui est attaché à notre ambassade de France. Yuan-Shi-Kai souffre d'être ainsi muré vivant dans le palais dont il a relevé les murailles. On en a la preuve dans ce fait qu'il attend la nuit pour sortir de sa prison demi-volontaire. Il prend alors un peu d'exercice, le long du lac qui borde sa geôle dorée, et, parfois, quand la température n'est pas trop rude il se risque à une courte partie de bateau. Il arrive même, dans ces cas-là, que Yuan-Shi-Kai se livre à son sport favori : il pêche.

Je résume ici, sans en faire la critique, les histoires qui courent sur le compte du Président, et qui, entièrement ou partiellement vraies, contribuent à éclairer sa figure énigmatique.

Yuan-Shi-Kai est né dans une bonne famille de hauts fonctionnaires. Tout enfant, il a témoigné un mépris parfait pour ces études littéraires et ces préparations d'examens qui absorbent la meilleure part d'une existence chinoise. Il affichait, au contraire, des goûts scandaleux : il n'aimait qu'à jouer au soldat. Il déclarait, à qui voulait l'entendre, qu'il finirait bien par suivre la carrière des armes. On sait que dans l'ordre de dignité, les hommes de guerre sont, en Chine, classés après les commerçants. La décision de cet enfant si insoumis eut donc de la peine à triompher des résistances familiales.

Ce ne sont pas les succès d'une carrière militaire exceptionnellement brillante qui ont attiré à Yuan-Shi-Kai les sympathies par où il a été porté au seuil du trône. Les Chinois se souviennent que, dans le temps où il gouvernait les provinces du Nord, il a été, pour les Japonais, un adversaire rude. On m'affirme même que le souvenir de cette résistance aux entreprises de l'adversaire est pour quelque chose dans le veto que le Japon oppose aujourd'hui aux velléités que Yuan-Shi-Kai fait paraître de changer sa casquette de Président pour l'emblème impérial. Un des ministres les mieux informés de Pékin m'a fait la preuve qu'avant de mettre sa volonté en travers des souhaits de Yuan-Shi-Kai, le Japon a, si l'on peut dire, tenté de l'amadouer. Le ministre du Mikado est venu le trouver. Il apportait ces fameuses et terribles propositions que l'on n'avait pas communiquées à l'Europe et qui, pratiquement, auraient mis la Chine à la merci du Japon. Il aurait proposé le marché, sans fard :

— Acceptez cela et nous favoriserons vos ambitions personnelles. Nous serons les premiers à saluer en votre personne le restaurateur de l'Empire.

Yuan-Shi-Kai s'est seulement souvenu qu'il est Chinois et que le tentateur s'est présenté à lui avec la figure du rival héréditaire. Pour une fois il s'est donné le plaisir de jouer au Président vraiment constitutionnel. Il a répondu au ministre du Japon :

— Vous me parlez là de choses qui ne me regardent pas. Allez donc trouver votre collègue, mon Ministre des Affaires Étrangères, M. Lou, et soumettez-lui vos propositions.

On sait le reste.

— Le Japon, me dit mon informateur, n'a pas

insisté. Il a, par la démarche que vous connaissez, coupé la route à son vieil ennemi. Si cette opposition ne s'était pas produite, il y a gros à parier que les Puissances européennes auraient laissé Yuan-Shi-Kai faire son coup d'État sans protester. Elles n'attendent de lui que le maintien de la paix et elles le savent homme à poigne.

Quelques indices semblent prouver ceci : l'homme à poigne hésite tout de même à passer outre aux observations collectives qui lui ont été présentées : il continue de faire vivre, dans le secret du Palais, le dernier descendant de l'Impériale Dynastie déchue.

On m'a conté naguère que cet enfant, dont l'arrogance égale la faiblesse, dit volontiers :

— Il y a en Chine deux hommes capables de restaurer le Pays dans toute sa grandeur : moi et Yuan-Shi-Kai.

On dit encore que parmi toutes les combinaisons qu'a suggérées au Président le désir où il est de donner un caractère définitif à son exercice de l'autorité, Yuan-Shi-Kai aurait souri à une possibilité qui, devant nous autres Européens, prend une couleur de vaudeville.

Les soins que le Président prend de sa santé n'empêchent pas qu'une persistante vigueur de tempérament lui fasse cortège bien au delà de la soixantaine. J'ai en effet sous les yeux une image où

Yuan-Shi-Kai est photographié au milieu de ses vingt-quatre enfants. Ces filles et ces fils sont nés, bien entendu, de mères différentes. Il en est de jeunes, et ce serait la raison pour laquelle le Président les aurait tout justement installés dans le Palais qu'il habite, à portée de ses rentrées de pêche.

Entre tous ces enfants, Yuan-Shi-Kai passe pour aimer d'une tendresse particulière une jeune fille qui a hérité de son caractère et de ses traits. Afin d'assurer un sort brillant à cette belle jeunesse, et de fortifier sa propre position politique en réglant les désaccords qui peuvent encore naître dans le pays entre les partisans de l'Empire et ceux de la République, Yuan-Shi-Kai aurait songé :

1° A adopter le chétif Eliacin qui dans le Palais représente la dernière étincelle d'une lignée mourante ;

2° A marier sa fille préférée à cet héritier détrôné.

Si cette combinaison n'aboutit pas, elle aura eu du moins pour elle le charme d'une originalité bien pékinoise. Telle elle fournit un thème à d'innombrables causeries dont j'ai recueilli l'écho dans la ville chinoise, aussi bien que dans la Cité des Légations.

Malheureusement, en dehors des républicains

farouches que l'on ne peut espérer rallier à un projet si imprévu, le rêve ingénieux de Yuan-Shi-Kai a contre soi un ennemi fougueux, domestique. Il prend dans l'occasion la figure de la femme légitime du président Yuan-Shi-Kai. Cette épouse vieillie n'habite pas le Palais. Elle est installée à la campagne dans le domaine personnel de Yuan-Shi-Kai. Elle l'administre avec une supériorité à laquelle le Président lui-même rend hommage. Cette vieille dame est une maîtresse femme. Elle vient quelquefois au Palais de Pékin. Alors elle parle haut et la chronique affirme ceci : Yuan-Shi-Kai, qui ne craint personne sur la terre ni dans le ciel, Yuan-Shi-Kai, qui n'a jamais hésité à faire voler les têtes de ses ennemis, Yuan-Shi-Kai tremble quand il entend résonner dans le Palais la voix courroucée de sa vieille épouse. Il sait ce qu'elle veut et il n'est pas sûr qu'il aura le courage de lui désobéir.

Or, voici ce que la vieille épouse veut :

Si Yuan-Shi-Kai a eu d'une jeune concubine une fille délicieuse qu'il favorise, la vieille épouse a engendré autrefois des œuvres de son ambitieux et volage époux, un fils qu'elle adore. Par un de ces jeux dont l'hérédité est coutumière, ce fils aîné et légitime de Yuan-Shi-Kai est justement doué tout à l'opposé des supériorités de son père. Il a manifesté pour l'étude, particulièrement pour l'étude des langues, autant de goût et d'aptitudes que le Président a, dès son enfance, fait preuve de répugnance pour ces futilités. Il est aussi incertain dans ses sentiments, ses jugements, son éclectisme, que Yuan-Shi-Kai est trempé dans son caractère. Une malencontreuse chute de cheval, dans laquelle la tête trop friable de cet héritier présomptif a porté contre une pierre trop dure, a déterminé chez le fils du Président une fâcheuse hémiplégie. De mauvaises langues affirment que ce serait là le signe extérieur d'une atteinte plus grave.

C'est cependant de ce beau fils que la vieille épouse de Yuan-Shi-Kai voudrait faire un héritier présomptif. C'est afin de préparer à un enfant chéri de glorieuses destinées, que, de tout le poids de sa volonté, elle pèse sur le Président, pour le pousser au coup d'État qui, de lui, ferait un empereur.

CHAPITRE XXXV

LE BON MINISTRE ET L'ÉMINENCE GRISE

De toutes mes relations chinoises, deux figures se détachent avec une particulière netteté : celle de S. Exc. M. Lou, ministre des Affaires Étrangères, et celle de M. Liang-Chi-Yi, qu'ici, à Pékin, l'on nomme, avec un sourire, l' « Éminence Grise » du président Yuan-Shi-Kai.

Impossible d'imaginer deux hommes physiquement et moralement plus différents.

M. Lou a fait en Europe toute son éducation diplomatique. Il a épousé la fille d'un fonctionnaire belge. Elle contribue à faire régner dans sa maison une atmosphère où les Français se sentent heureux. La conversation de M. Lou est, comme sa table, un savoureux mélange des raffinements de son pays, alliés aux délicatesses de chez nous. On le sent : il est doué de cette sensibilité aiguë du cœur qui est la vraie caractéristique du Chinois.

Les événements qui se déroulent sont faits pour mettre cette sensibilité et cette finesse à une rude épreuve. Il n'y a pas moyen de douter que les façons personnelles de penser et de sentir de S. Exc. M. Lou ne le rapprochent des Alliés, spécialement des Français, autant qu'elles l'éloignent de l'agressive brutalité des Allemands ; et, d'autre part, l'attitude où se fige encore le président Yuan-Shi-Kai, dans la question de la neutralité, est enveloppée de trop de brumes pour qu'un ministre des Affaires Étrangères puisse officiellement donner cours à ses sympathies. M. Lou n'a qu'un moyen à sa disposition pour faire entendre que certaines suggestions ne lui déplaisent pas. Il vous répondra avec une nuance de chaleur qui perce à travers l'enveloppe orientale de sa courtoisie :

— Nous vous sommes sincèrement obligés de vos indications et de vos conseils.

C'est M. le Ministre de France, M. Conty, qui m'a tout d'abord conduit chez M. Lou, à son bureau des Affaires Étrangères. Il a été convenu que je parlerais sans contrainte. Cette liberté est tempérée, pour la forme, par cette phrase, qui, de temps en temps, revient avec un sourire sur les lèvres de M. le Ministre de France :

— Il est bien entendu que M. Hugues Le Roux exprime des opinions personnelles.

Et chaque fois, avec un éclat rapide du regard, derrière ses lunettes, M. Lou répond :

— C'est ce qui donne du prix à notre entretien.

La passion de M. Lou est le respect de la « souveraineté » de la Chine. Il a lutté, il a résisté, il a plié, il a été vaincu, il a été victorieux dans son inlassable volonté de défendre cette souveraineté-là. Cette préoccupation, si estimable, relègue sans doute au second plan la question de savoir si le Président demeurera Président, ou bien s'il prendra figure d'Empereur. C'est la Chine perpétuelle que M. Lou sert avec cette ardeur voilée.

On lui prête ce mot :

— Le président Yuan-Shi-Kai dit que, nous autres Chinois, nous avons à notre disposition quarante mille caractères, mais qu'il n'en existe pas un seul pour exprimer l'idée de la République, et par conséquent l'idée du Président de la République. Est-ce bien sûr? Nous avons un caractère qui signifie « la Maison du Peuple ». Ne pourrait-on pas y recourir dans l'occasion?

M. Lou est un de ces hommes dont la Chine qui renaît ne saurait se passer. Avec sa distinction, sa finesse, sa totale compréhension de l'âme occidentale, il est à lui seul une façon de passerelle que, par-dessus les violences hostiles, l'on pourra toujours lancer de l'Extrême-Orient à l'Extrême-Occident.

J'ai été l'hôte de M. Liang-Chi-Yi. Cette circonstance met une sourdine aux opinions qu'un passant a le droit d'exprimer sur le caractère et sur les aventures d'un personnage qui déjà a traversé tant de grandeurs et de décadences.

Restent les faits ; ils sont de notoriété publique.

Ce petit, tout petit homme, qui, dans sa tête forte, roule tant de pensées hardies, est incontestablement d'une intelligence supérieure. Qu'est-ce donc qui l'empêche de devenir une de ces forces sur lesquelles, à une minute comme celle que la Chine traverse, le Pays pourrait faire fond?

Des amis républicains m'ont dit :

— Liang-Chi-Yi, c'est un Chinois difforme : une bonne tête, pas de cœur.

Le fait est que la carrière de ce « Je sais tout » pékinois n'a rien du large développement des belles eaux, tranquillement roulées, d'une source pure vers la profitable richesse d'un bon port. Elle présente plutôt le caractère et les sursauts de la violence torrentielle.

M. Liang-Chi-Yi n'est jamais plus près de la chute que quand sa faveur est la plus redoutée, jamais si prêt de redevenir le maître que quand on le croit occupé à expier quelque méfait dont l'opinion publique a fini par se révolter.

Peut-on dire qu'il exerce une influence personnelle sur le Président ou qu'il soit seulement son agent d'exécution? Il y a ici action et réaction. Yuan-Shi-Kai considère sans doute comme un instrument commode un personnage qu'il peut sacrifier à toute seconde, sans que personne s'en indigne ; et Liang-Chi-Yi, qui ne se fait pas d'illusion sur les motifs sérieux et précaires de sa faveur, prétend bien n'être point une pelle que l'on emploie à remuer de l'or sans se dorer quelque peu soi-même au contact.

Tel quel, l'homme est une force avec laquelle, à l'heure présente, il faut que l'on compte.

On ne saurait, sans ridicule, apporter à M. Liang-Chi-Yi les raisons morales qui démontrent la nécessité où est la Chine de ne pas demeurer drapée dans une pseudo-neutralité, où aujourd'hui elle grelotte, où demain, peut-être, elle sera nue. Mais si l'on peut démontrer à cet ami de l'argent que, pour des raisons de profits, immédiats et durables, la finance chinoise se doit à elle-même de faire un choix, d'orienter son initiative dans le sens des Alliés, alors on peut être assuré qu'on ne trouvera point devant soi un attachement, dirai-je « de principe », aux sympathies allemandes.

C'est la thèse que je plaide pendant toute une nuit de conversation, prolongée, selon l'usage d'ici, au delà des limites d'heures et des fatigues auxquelles la vie européenne nous a habitués. Je m'efforce d'appeler l'attention de M. Liang-Chi-Yi sur cette situation paradoxale :

A l'heure actuelle, il existe un Consortium composé de la *Hong-Kong and Shangaï Banking Corporation*, de la *Yokohama Specie Bank*, de la *Banque d'Indo-Chine*, de la *Banque Russo-Asiatique*, de la *Deutscher-asiatischer-bank*. Ce Consortium auquel il est naturel que la Chine s'adresse quand elle a besoin de faire appel aux ressources financières de l'Europe ne joue plus. Pourquoi? C'est qu'il est vraiment impraticable de faire, en ce moment-ci, asseoir à la même table des délégués français, anglais, belges, japonais et allemands.

Cette impossibilité est un parfait miroir de l'erreur qui consiste pour la Chine à s'obstiner dans la neutralité.

— Oui ou non, Yuan-Shi-Kai a-t-il besoin d'argent?

Toute l'expression du visage de Liang-Chi-Yi répond : « Un Président de la République chinoise a toujours besoin d'argent, spécialement quand il songe à se faire proclamer Empereur. »

— Et, d'autre part, est-il vrai que l'impossibilité où le Président, dénué d'argent, se trouve de réaliser les réformes promises, expose, non seulement le régime républicain, mais la paix intérieure du pays lui-même?

Ici, M. Liang-Chi-Yi marque une nuance de scepticisme. Évidemment, il n'est pas sûr que si le Président venait à recevoir de l'argent du Consortium, il l'emploierait d'abord à accomplir « les réformes promises ».

— Si la Chine se résolvait à demander à l'Allemagne toute seule l'argent dont elle a besoin, croyez-vous que l'Allemagne vous répondrait favorablement ?

M. Liang-Chi-Yi ferme tout à fait ses yeux à peine fendus.

Il demande :

— Vous voulez dissoudre le Consortium ?

— Et le reconstruire sans les Allemands. Il y a un certain article de l'*agreement*, signé le 18 juin 1912, sur lequel on pourrait s'appuyer pour opérer ce miracle. Cet article 2 stipule que l'*agreement* cessera d'être en vigueur quand la majorité des groupes aura décidé de ne plus procéder à l'émission de « l'Emprunt chinois de Réorganisation ». Étant donné que la guerre rend impraticable la collaboration des groupes signataires et impossible l'émission du solde de l'Emprunt de Réorganisation, la dissolution du Consortium actuel s'impose. Quand elle sera un fait accompli, on réédifiera, sans délai, sur des bases analogues un consortium nouveau. Il comprendra les éléments français, anglais, russes et japonais. Ils obtiendront facilement de faire transférer au consortium nouveau les droits anciens.

M. Liang-Chi-Yi demande d'une voix lointaine :

— Supposez que la Chine donne son agrément à cette combinaison, que vos Alliés anglais y consentent, que certains financiers français qui ont gardé, eux aussi, de la tendresse pour l'Allemagne, ne s'opposent pas à son exclusion, par qui la remplacerez-vous ?

— Peut-être par les États-Unis.

— Mais le président Wilson est opposé à une telle mesure ! N'a-t-il pas demandé au groupe Morgan de se retirer de nos affaires ?

— Le président Wilson est d'avis qu'il faut respecter la souveraineté de la Chine, particulièrement cette nouveau-née, la République chinoise. Il ne veut pas qu'elle en use comme un jeune homme prodigue qui compromet son avenir dans la hâte d'obtenir, tout de suite, et à n'importe quelle condition, l'argent qu'il convoite. Voilà une attitude qui devrait vous inspirer de la confiance ?...

M. Liang-Chi-Yi ne me paraît point partager mon admiration pour les pures intentions du Président des États-Unis. Il est évidemment d'avis que si l'on trouve à pêcher dans tous les fleuves chinois, les eaux de bourbe y sont particulièrement poissonneuses, et ses adversaires affirment que personnellement il n'a pas de dégoût congénital pour le poisson qui sent un peu la vase.

On en aurait la preuve dans l'intérêt que l'« Éminence Grise » prend à cette heure dans la demande de main-d'œuvre que la France adresse à la Chine. Ce manieur d'argent, qui jusqu'ici ne s'était pas distingué par un amour particulièrement fraternel de la créature humaine, se manifeste subitement sous la figure d'un ami du peuple, d'un défenseur des intérêts de la famille, d'un protecteur vertueux du trésor des humbles. Il ne veut pas que tout le salaire que la République française viendrait à payer aux coolies chinois qui traverseraient les mers pour s'embaucher chez nous, soit intégralement versé entre les mains des travailleurs eux-mêmes. Une partie de ce salaire, — M. Liang-Chi-Yi ne détesterait point que ce fût la meilleure, — devrait être versée directement en Chine, dans une banque spécialement créée à cet effet, et dont, naturellement, M. Liang-Chi-Yi serait le directeur. Il gérerait ces fonds au mieux des intérêts des absents et de leur famille ; en attendant le retour des émigrés, il associerait tout le monde à ses bénéfices.

On ne sait pas si la part que les coolies toucheront à leur retour de France alourdira jamais l'escarcelle de ces travailleurs. On affirme seulement ceci : de la minute où M. Liang-Chi-Yi projette d'appuyer une banque à un départ de coolies pour l'Occident, la France n'a qu'à dire ce qu'il lui faut d'hommes : elle sera servie.

CHAPITRE XXXVI

AVEC MES AMIS RÉPUBLICAINS

Dans un coin de la ville chinoise, j'ai des amis républicains. Je les visite, à la minute du chien et loup, en manteau couleur de muraille, car, à cette heure, les actes, les pensées mêmes de ces intransigeants sont surveillés par l'Homme en qui ils avaient mis leur confiance.

J'ai frôlé, à Paris, il y a une trentaine d'années, les milieux nihilistes. Il n'y a pas moyen de ne pas être frappé de la ressemblance qui rattache ces Russes de rêve et d'audace à ces Chinois de pensée libre et d'action résolue. Les uns comme les autres sont des exilés, volontaires ou involontaires, qui, dans leur jeunesse, ont dû quitter secrètement leur pays pour échapper à la prison ou à la mort. Quelques-uns de ces anciens réfugiés ont pris contact avec la France. Le plus grand nombre d'entre eux a passé par les États-Unis. Surtout par le Japon. Là, à quelques heures de distance de leur mère patrie, avec des figures de marchands, ils ont vécu aux aguets de la minute où il leur serait enfin permis de renverser la tyrannie mandchoue et de restaurer la tradition chinoise depuis tant de siècles obscurcie et déformée.

Il y a de tout dans ces groupes de veilleurs : des hommes d'âge qui ont peut-être trop pensé, trop comparé ; de la jeunesse qui est pleine de sens pratique. Les révolutionnaires prononcent même avec des lèvres mystérieuses le nom d'une jeune fille. Issue d'une de leurs familles les plus anciennes, elle a joué, dans les actes de propagande par le fait, un rôle périlleux. Elle rappelle, dans les grandes lignes, la figure énigmatique et gracieuse de Sophia Perovskaia.

Je dois à mes amis républicains l'occasion d'une expérience instructive. Elle ne laisse point que de jeter dans mon esprit quelque doute sur la sincérité du mouvement populaire qui entraînerait la République nouveau-née vers la restauration de l'Empire. Grâce à des complicités sur lesquelles nous jetterons un voile, mes amis me font inviter, ce matin, 6 décembre, à flanquer, en qualité d'assesseur adjoint, un aimable Conseiller du Gouvernement qui a été désigné pour constater, *de visu*, la sincérité des élections dont aujourd'hui Pékin est le théâtre. La capitale désigne à son tour les représentants qui, demain, voteront pour décider si la Chine veut demeurer en République, ou bien si elle désire que son Président prenne figure de souverain.

Déjà les provinces se sont prononcées : elles réclament un Empereur avec une unanimité dont, en d'autres temps, et ailleurs qu'en Chine, on a connu des exemples. Le zèle développé par les fonctionnaires a été l'occasion de quelques mésaventures plaisantes. Tel centre important est signalé comme ayant, à l'unanimité, voté pour l'Empire. Or, par la faute d'une mauvaise transmission télégraphique, le collège électoral de ce centre-là n'a pas encore été réuni à l'heure qu'il est.

Les salles de vote où l'on m'introduit sont installées dans l'ancien palais de ce qui, une seconde, fut la Douma chinoise. Du balcon qui nous est réservé, nous dominons la tribune, où siège M. le Ministre de l'Intérieur, la salle, peinte dans un ton de laque brune, les pupitres, sur lesquels les électeurs vont inscrire leur vote, les casquettes plates des gendarmes qui encadrent fortement les abords, les couloirs, les salles du palais, enfin les pavoisements de drapeaux, à bandes parallèles, rouges, jaunes, bleues, blanches et noires, lesquelles partout pendent ou se croisent.

Aujourd'hui, le vote est réservé à quelques notables commerçants, à des lettrés qui ont bien mérité du gouvernement, à de nobles mandchous. En échange de la signature qu'il appose sur un registre, chacun de ces électeurs reçoit un bulletin de vote. Son propre nom est imprimé dessus. On le voit : on ne peut imaginer rien de plus eloigné des protections d'indépendance que réclame chez nous la timidité de certains électeurs.

Dans la salle même du vote, les porteurs de bulletins sont l'objet — disons seulement de l'« assistance » la plus délicate. Les lettrés, dont nous dominons les petites calottes noires et les besicles brillantes, savent ce qu'ils ont à faire : on ne les approche qu'avec circonspection. Mais les notables commerçants ne semblent pas savoir au juste en quelle place du bulletin ils doivent appliquer les quelques touches d'encre de Chine par lesquelles ils vont désigner le candidat de leur choix. Quant aux notables mandchous, ce sont décidément de mauvais écoliers. Ils ont absolument besoin qu'on leur trace tout leur devoir.

La dynastie défunte les entretenait dans une oisiveté héréditaire. Depuis sa disparition, ces intrus du Nord meurent de faim. Leur pauvreté apparaît dans leurs vêtements qui, trop souvent, ne les défendent pas contre la cruauté du froid. Je ne puis m'empêcher de dire à demi-voix que leur grandesse en guenilles me fait pitié.

Un ami bien pensant me pousse le coude. Il me rappelle à la réalité des choses.

— Ne vous attendrissez pas sur ces coquins ! Il y a encore à Pékin de nobles mandchous qui vivent confortablement de leurs rentes grasses :

ceux-là sont restés chez eux. Seuls les besogneux se sont aujourd'hui dérangés.

... Mes amis à l'index profitent d'une belle journée d'automne pour me conduire au Temple du Ciel. Ils me montrent la place où Yuan-Shi-Kai est venu faire le sacrifice, comme un empereur mandchou. Ils me dirigent, en branlant la tête, vers un autre monument, élevé au bout d'une belle perspective de marbre. Là fut tenue une réunion que l'on pourrait comparer à notre Assemblée Constituante.

La porte magnifique, dont la serrure a été arrachée, est fermée à cette heure par un peu de fil de fer et de ficelle. A l'intérieur, c'est un décor qui eût ravi Sardou : l'Histoire a été ici surprise par la Violence dans un mouvement de terreur.

La tribune oratoire, déserte, est encore couverte de quelques papiers épars ; les chaises — des chaises de jonc et de canne — sont repoussées dans le mouvement de peur d'hommes qui se lèvent et qui vont fuir en tumulte.

C'est que, par ce chemin de marbre, par ces escaliers en ruines qui semblent conduire au Palais de la Belle au Bois Dormant, sont venus des soldats envoyés par Yuan-Shi-Kai. Ils ont entouré le Temple où la Constitution s'élaborait. Ils ont enfoncé la porte. Du coup, la Tribune s'est tue, le Temple a été abandonné, la Loi, qui croyait parler là en toute sécurité le langage de la Justice, a été arrachée de son piédestal et jetée dehors.

Depuis, c'est le silence. L'ordre règne à Pékin. Les soldats, échelonnés tous les vingt mètres, le long des avenues populeuses, ont des cartouches autour de leur ceinture, des baïonnettes fixées aux canons de leurs fusils.

Contre qui Yuan-Shi-Kai prend-il ces précautions?

Craint-il une bagarre de rue qui pourrait devenir une émeute? Une émeute qui se ferait insurrection? Une insurrection qui gagnerait les provinces?

On peut fermer par la force la porte d'un palais, on peut intimider le passant par un déploiement militaire, on peut acheter la corruption de gens à vendre, mais on ne peut emprisonner des âmes, appréhender des idées, empêcher le cœur d'un peuple de s'attacher à un idéal, surtout on ne peut empêcher la raison chinoise de raisonner.

Yuan Shi Kai s'en doute puisque, à la suite d'attentats avortés, il ne sort plus de son Palais, puisque entre Pékin et lui, il a fait bâtir un mur qui, peut-être, le protège, mais qui du même coup masque la perspective — la « vue bleue » sur l'infini du paysage.

CHAPITRE XXXVII

UNE AUDIENCE DE YUAN-SHI-KAI

Il faut recourir à un léger subterfuge pour arriver jusqu'au président Yuan-Shi-Kai. Un rhume réel et diplomatique l'empêche de recevoir les ministres d'Allemagne et d'Autriche qui frappent impatiemment à sa porte. Par bonheur, j'ai dans mon jeu le médecin du Président, un savant français, qui vient d'installer un laboratoire vraiment moderne dans un des bâtiments les plus pittoresques du Palais. Le docteur Bussière a conté au Président que récemment et de près j'ai vu les hommes importants du gouvernement de Washington, d'autre part, les personnalités politiques du Japon. Yuan-Shi-Kai aime à être informé directement, il est donc très disposé à m'interroger sinon à répondre lui-même à mes questions.

Il est entendu que, aujourd'hui, mercredi 8 décembre, j'accompagnerai le docteur dans la visite que, vers trois heures et demie, il va rendre à son auguste patient. Aux yeux des gens qui gardent les portes, les cours, les escaliers, les uns avec leurs baïonnettes luisantes, les autres avec leurs regards scrutateurs, je passe pour une sommité médicale, en villégiature à Pékin. J'assiste, aujourd'hui, le docteur officiel dans sa visite. Et aussi bien ai-je endossé, pour la circonstance, une solennelle redingote qui a été fabriquée tout exprès au Japon pour être portée dans de semblables circonstances. L'illusion est complète. D'autre part, tout le Protocole de cette audience a été réglé en détail dans une suite de gracieux sourires.

Je suis informé que le rhume du Président l'oblige à ménager sa voix ; je ne devrai donc l'interroger qu'avec une grande modération ; mais, si la gorge est fatiguée, l'ouïe est parfaite, je ne dois donc pas hésiter à conter ce que je crois être de nature à intéresser. On a même la bienveillance d'ajouter :

— ... Ou à instruire.

Le Président, dont le temps est naturellement très précieux, me fera connaître que notre entretien est à son terme en levant les yeux vers une pendule accrochée aux murs de la salle où il va me recevoir. Là-dessus, il m'offrira une tasse de thé. Ce cadran et cette coupe de porcelaine sont mes ennemis : à moi de retarder, si je peux, leur entrée en scène.

Une suite de cours charmantes (elles m'ont fait penser à nos petits appartements de Versailles) sont une préface de beauté délicate aux bâtiments déplorablement modernes que le Président habite. Il est, d'autre part, difficile d'imaginer un décor plus anonyme, et quant au style, moins chinois, que cette pièce longue et nue, ce parloir de collège, meublé d'une table couverte d'un tapis vert, où le Président aime à donner ses audiences. S'il est vrai que ce rude soldat désire personnellement l'empire, ce n'est assurément pas pour ressusciter ces pompes extérieures, ces raffinements de soie, de jade, de broderies et de perles, où les souverains mandchous se sont complus jusqu'à leur lit de mort.

Sa tenue d'aujourd'hui est celle d'un gentillâtre chasseur, qu'un rhumatisme a momentanément colloqué au coin de son feu, qui, sans autre souci que de se tenir chaud et de se vêtir d'un seul coup, au saut du lit, a boutonné, jusque sous son menton, quelque justaucorps usagé et sombre, dont ne déborde nulle coquetterie de linge.

Pendant l'heure pleine que dure cette audience, j'ai tout le loisir d'observer, non seulement le visage, mais l'expression du Président.

Il est assis au sommet de la table, il me place à sa droite, à côté de l'interprète chinois que lui-même m'a désigné. A sa gauche il fait asseoir le docteur Bussière, puis un amiral, M. Tsaï, qui, avec M. Lou, ministre des Affaires Étrangères, est bien le Chinois le plus rapproché de notre pensée européenne que j'aie rencontré à Pékin.

Le président Yuan-Shi-Kai n'est pas trahi par les portraits qu'on nous a donnés de lui. Ce n'est point obéir à une suggestion antérieure, que dire : nous connaissons dans notre Bretagne, dans certains quartiers de la Vendée, ces pommettes saillantes, ces yeux éloignés du nez, cette tête ronde, ces éclats sombres et tout ensemble un peu ironiques du regard. Quand la moustache, claire tombante et rude, quand les quelques poils qui forment une maigre « impériale » sous la lèvre inférieure, avaient le noir d'ici — un noir d'encre de Chine — le masque en était peut-être modifié. Mais le grisonnement de la soixantaine toute proche, adoucit ces vigueurs. Vraiment quand on regarde avec attention le président Yuan-Shi-Kai, on oublie tout à fait que l'on parle avec un Chinois de grande origine et non avec quelque général de chez nous, un Malouin qui serait allé bronzer sa figure au soleil du Tonkin ou de Madagascar.

Au cours de cet entretien dont, moi aussi, j'ai préparé le plan, je touche à des sujets singulièrement délicats, voire brûlants. Dans le désir où je suis de pousser jusqu'où l'on peut aller, sans manquer à la déférence de rigueur, je ne quitte pas le Président des yeux.

Tant qu'il est question des États-Unis, mon interprète suffit à la traduction de mon exposé. Mais quand nous en arrivons au Japon, brusquement, il s'embrouille, il ânonne. Il ne comprend plus le français. Évidemment ma hardiesse l'effraie. Heureusement, je me découvre de l'autre côté de la table un ami bienveillant. L'amiral Tsai a fait ses études chez nos amis britanniques : il vient à la rescousse et toute la fin de notre causerie, grâce à lui, s'achève en anglais.

Pas une seconde, le Président ne cesse de sourire, non pas de ce sourire ironique, désenchanté, qui touche à tout du bout des lèvres, mais avec un appétit de santé, une cordialité de belle humeur, un plaisir de divertissement qui me demeure dans le souvenir comme le trait vraiment caractéristique de cette figure de soldat heureux, comme la vraie explication de sa conduite de vie.

Il y a entre les Orientaux et nous cette différence profonde : nous allons aux affaires, aux difficultés, aux servitudes qui leur font cortège, comme à un devoir. Elles sont une nécessité, un moyen de s'enrichir. Dès qu'elles nous ont à peu près donné ce que nous attendions d'elles, nous les quittons pour notre plaisir ou pour notre repos. Pour l'Oriental, au contraire, l' « affaire » est un plaisir positif, le but supérieur de sa vie. Il se complaît dans le marchandage comme dans les péripéties d'une partie de cartes. Certes, il veut « gagner » cette partie-là, mais, autant que le profit qu'il en prétend tirer, il aime les émotions dont on vit sur la route.

La terrible partie que joue le président Yuan-Shi-Kai est évidemment pour lui une source toute pareille de divertissement. Il y a des minutes où il gagne et cet enjeu est un trône. Il y en a d'autres où il va perdre et alors l'enjeu est peut-être bien sa vie. Tel renseignement qu'on lui fournit est, dans son jeu, un atout, telle difficulté qu'on ne lui masque pas, apporterait à un caractère moins solidement trempé une nuance d'irritation. Lui s'amuse de tout. Déjà il voit comment il portera sa riposte. Il en savoure l'effet. Et, sans doute, les Japonais et leurs amis Européens, l'ont retardé dans le développement de son jeu quand ils lui ont apporté l'avis cordial de retarder la minute où il changera sa présidence en une souveraineté. On le sent : ce coup de barre qui l'oblige à modifier sa marche ne lui cause, je ne dis pas une seconde de découragement (c'est là un sentiment que, bien sûr, Yuan-Shi-Kai ignore), mais de mauvaise humeur. Entre sa rude moustache et sa minuscule barbiche, il s'est écrié : « Bien joué ! » et déjà il sourit à la combinaison par laquelle il espère se couvrir et répondre. Il ne faudrait pas aller jusqu'à prétendre que cette rayonnante belle humeur d'homme d'action exclut toute rancune. Au temps où Yuan-Shi-Kai gouvernait les provinces du Nord, les Japonais ont connu en lui un adversaire redoutable. Ils ne lui ont pas personnellement pardonné l'opposition savante et forte qu'il a dressée contre eux.

J'ai l'occasion de constater que lui-même leur garde, tout au fond du cœur, tous les petits de sa meute de chiennes.

Le président Yuan-Shi-Kai prend l'intérêt le plus vif à la crise morale et religieuse que le Japon traverse à l'heure actuelle. Il ne précise pas ce qu'il en espère, mais il le laisse deviner ; il compte qu'un jour prochain, des difficultés sociales, créées par un état économique nouveau, par l'effondrement de cette morale ancienne dont la vie de famille formait la base et le cadre, mettront un tempérament aux initiatives d'un voisin dont l'activité lui apparaît comme décidément inquiétante.

— Nous autres, Chinois, dit-il, nous portons notre morale en nous, elle est nos os mêmes. La morale des Japonais est un squelette extérieur comme la carapace d'une tortue.

Quand je dis que le shintoïsme prend tous les jours davantage au Japon la figure d'une religion d'État, que le bouddhisme semble y tomber en défaveur, que le clergé bouddhiste n'a pas été autorisé à figurer en costume aux fêtes du couronnement, le Président éclate d'un franc rire.

— C'est pour cela, dit-il, que les Japonais ont essayé de nous envoyer en Chine leur clergé bouddhiste ! Au moment où ils s'en débarrassent, ils rêvent de lui faire un sort à nos dépens !

Et le fait est que cette intention est écrite en toutes lettres dans les articles secrets que, l'an dernier, le Japon a présentés à la Chine avec une figure d'ultimatum.

Le Président veut savoir si l'on a cru, dans le camp des Alliés, que les Japonais enverraient des troupes à leur aide ?

Je réponds, en exposant en toute loyauté, les impressions contradictoires par où j'ai passé avant de me former une opinion sur cette question délicate.

— Okouma, me dit le président Yuan-Shi-Kai, n'a jamais sérieusement voulu envoyer des troupes japonaises en Europe. L'agitation créée par cette question a servi ses desseins à la veille des élections générales. Plus vous fréquenterez l'Orient, plus vous constaterez que les questions de politique étrangère y sont presque toujours des questions de politique intérieure.

Et le Président rit largement, une seconde fois.

Il entrait dans ma mission de faire au président Yuan-Shi-Kai une peinture rapide, mais énergique, de la situation militaire dans laquelle les Alliés, et particulièrement la France, sont actuellement placés en face des Puissances Centrales. Il a si souvent entendu répéter que la victoire des Austro-Allemands est certaine, qu'il convient sans doute de lui présenter la vérité sous un autre jour. Je n'y manque pas, et si le Président reste muet, je constate que, du moins, ses yeux ne cherchent pas la pendule sur laquelle il doit arrêter son regard, quand il estimera que notre conversation aura suffisamment duré.

Je tiens aussi à profiter de la connaissance assez complète où je suis, de la vie du monde musulman, pour attirer l'attention du Président sur la façon dont la propagande allemande est en train de travailler la catégorie de Chinois qu'une tradition ancienne rattache à l'Islam.

— Ils sont là, dis-je, des millions de musulmans dont plus de trois cent mille ont fait le pèlerinage de la Mecque. Tout le monde sait que ces Chinois qui forment une chaîne sans rupture de caravanes à travers les populations musulmanes de l'Asie poussent jusqu'à Constantinople. Nous avons appris que nos adversaires exploitent à leur avantage une coïncidence si heureuse. Des Jeunes Turcs, munis de faux passeports, délivrés par l'Allemagne, occupent, à l'heure actuelle, les écoles où ces musulmans chinois reçoivent leur enseignement religieux. La France, qui est une grande puissance musulmane, ne peut pas ne point se préoccuper d'une telle propagande.

Le silence se fait très profond et j'aperçois de la détresse sur la figure de l'interprète qui est assis à ma droite. Ce n'est pas lui que je regarde, mais l'amiral Tai, et comme l'expression de cet ami demeure encourageante, je continue mon exposé sans me préoccuper de savoir s'il plaira ou déplaira.

Évidemment, c'est chose assez délicate, pour un passant, de dire au Président de la République chinoise que le pays qu'il gouverne ne saurait, sans péril, demeurer dans l'isolement où aujourd'hui il semble se murer, et qu'un choix — naturellement le bon choix — s'impose.

Je me sers de l'attitude actuelle des États-Unis, en forçant quelque peu les choses, pour mettre en lumière des vérités que je ne saurais exprimer directement.

— Nous avons là, dis-je, le spectacle d'un réservoir d'hommes immense, d'un magnifique trésor d'énergie, de force et d'argent. Ils avaient cru pouvoir se maintenir dans une neutralité stricte, mais voici qu'ils s'aperçoivent que les Allemands violent cette neutralité loyale par d'inqualifiables menées. A la minute où ils se demandent s'ils sont en mesure de mettre leur droit à l'abri des entreprises d'un voisin très armé et prêt à l'attaque, ils sont obligés de reconnaître que l'insuffisance actuelle de leur organisation militaire les laisse à découvert. Cette certitude est, aux États-Unis, en train de transformer les hommes les plus pacifiques en partisans d'une résistance armée. J'ai dans une suite de dépêches, que la presse a commentées, signalé à mon Gouvernement la certitude où nous devons être que, d'ici un temps très court, les États-Unis prendront position de belligérants dans le grand duel qui, en ce moment, partage le monde (1). Et il n'est pas permis de douter qu'à ce moment-là, on les verra se ranger, avec toutes leurs ressources en hommes, en argent, en ravitaillement, du côté des Alliés.

Brusquement le Président m'interrompt :

— Quand nous quittez-vous ?

— Ce soir même.

— Il ne le faut pas ! Je veux que vous alliez à Hankow. Nous vous ferons tout voir, tout, les richesses naturelles et la richesse organisée sur lesquelles la Chine peut appuyer ses décisions.

En jetant ce nom de Hankow dans la conversation, le Président me donne, malgré son mal de gorge, une réponse assez directe. Il souhaite que l'on me montre l'organisation toute moderne de cette ville industrielle qui, d'heure en heure, grandit sur les bords du Yang-Tsé. Il voudrait

(1) Ces dépêches furent envoyées de New-York et de Washington entre mars et août 1915.

que je rende visite à ses hauts fourneaux, à l'arsenal d'Hanyang, enfin que j'aie le spectacle de toute cette puissance métallurgique qui, demain, pourra mettre une énergie disciplinée au service de la Chine et de ses Alliés.

Je dis les raisons qui font mon départ nécessaire.

— Soit, dit le Président, mais alors revenez-nous bientôt. Vous m'avez dit au commencement de cet entretien, que, depuis plus de cent ans, vos grands-pères étaient en relations commerciales avec la Chine? Vous avez ajouté que, pendant ce long espace de temps, où toutes les affaires se faisaient sur parole, les vôtres n'ont jamais eu une seule fois à se plaindre de la loyauté chinoise? J'ai bien peur, que si vous renouveliez aujourd'hui l'expérience, vous n'ayez à subir quelques déceptions. Nous avons fait trop d'affaires avec trop d'étrangers, de tout ordre ! Mais passons. Ainsi que vous le disiez tout à l'heure, il n'y a entre la France et nous, pas une seule question qui soit irritante. Nulle part, nos intérêts ne sont en contradiction.

Je répète au Président le mot que m'a dit, l'autre jour, un coolie qui me sert :

— Nous aimons notre tradition, nous voulons aller au progrès de l'autre côté de la rivière, mais sans tomber à l'eau.

Pour la première fois, une ombre passe sur le front du Président. Il répond :

— Je suis trop vieux ! Or, si les vertus sont vieilles, le savoir, lui, est un jeune homme.

Que veut-il dire au juste? Nous sommes dans un pays vraiment démocratique où les différences de classe ne creusent pas, comme chez nous, entre deux hommes, une façon d'abîme. J'ai un ami qui a un bon cuisinier chinois ; le frère de ce cuisinier est un général connu : le général vient, sans aucun embarras, visiter ce parent, à ses fourneaux. Yuan-Shi-Kai qui ne s'est pas privé de faire sauter au sabre les têtes les plus hautes, quand elles gênaient le coup d'œil dont il embrasse l'horizon, attache sans doute une importance humaine aux simples propos d'un homme de la foule. A la minute où on lui dit que cet homme-là met en lui une espérance, il se demande s'il ne se prépare point à décevoir cette espérance.

J'ai connu aux États-Unis une « conscience » puritaine. Elle survit à la hardiesse de toutes les conceptions commerciales et, finalement, parle plus haut que les passions d'affaires. De même, ai-je fait ici connaissance avec le « cœur » chinois. Il est l'organe physique et moral d'une sensibilité merveilleuse. C'est dans ce sanctuaire que parle la voix des Ancêtres. Au milieu des actions les plus douteuses, des plus effroyables abus de pouvoir, il prend soudain la parole et son expression fait alors penser à ces confessions publiques auxquelles les premiers chrétiens recouraient pour soulager leur âme quand ils avaient désobéi à la Loi intérieure.

La *Gazette de Pékin* est pleine d'actes de contrition de cette qualité. Des fonctionnaires véreux, l'Empereur lui-même, se frappent la poitrine. Ils s'accusent publiquement de n'avoir pas fait leur devoir. Ils acquiescent au châtiment, imposé ou volontaire, qui punit cette faute. La Chine répète encore les paroles que le dernier Empereur de la dynastie des Mings a prononcées avant de se pendre à cet arbre que l'on m'a fait voir aux flancs de la Montagne de Charbon. Il a proclamé que tous les malheurs qui frappaient son peuple étaient sa faute. Il a ajouté que la mort par laquelle il expiait ses erreurs était juste. Et ce n'est pas là une comédie, une palinodie de la dernière heure, risquée dans le trouble espoir d'apaiser la Justice devant laquelle, peut-être, on va comparaître. C'est un acte de pure raison. Il semble qu'avant de mourir, le Chinois veuille dire :

— J'ai nié, parce que c'était mon intérêt, que deux et deux font quatre. Je veux me condamner moi-même pour cette mauvaise action avant que de disparaître à jamais.

Il n'y a pas de doute que Yuan-Shi-Kai a été

un des plus fermes appuis du parti républicain. Il n'y a pas de doute non plus qu'en essayant de restaurer l'empire, même au profit d'un Chinois, hissé après tant de siècles sur le trône des Mandchoux, il viole, avec toutes les espérances qu'on a placées en lui, des promesses solennellement contractées. Je sais bien qu'il fait appel au peuple et feint, lorsqu'il tente ce coup d'État, de se conformer au désir public. Est-il dupe de cette consultation nationale dont ces jours-ci j'ai touché du doigt l'extraordinaire bouffonnerie? On ne peut le croire. Mon sentiment est que Yuan-Shi-Kai cède à la pression d'influences pernicieuses dont il est enveloppé. Elles lui masquent la vérité à une heure où sa loyauté chancelle. Comme Macbeth, il a entendu ces voix venues du côté de la tentation qui crient à l'ambitieux :

— Tu seras roi.

Si j'en crois mes amis républicains, les gardes qui défendent la porte du Palais, les hommes vigilants qui m'ont scruté du regard quand je me rendais à mon audience, n'empêcheront pas le châtiment de se glisser jusqu'à l'apostat, dans le cas où il s'obstinerait dans la voie mauvaise. Tel qui croit avoir interposé un bouclier entre lui et le poignard ne peut affirmer que le poison ne l'atteindra pas. Comment Yuan-Shi-Kai pourra-t-il être jamais sûr que, parmi les serviteurs fidèles auxquels il remet nécessairement sa vie, ne se cache point quelque partisan irréductible de la réforme promise, qu'une ambition tardive veut dérober à la nation ?

La minute de la tasse de thé est tout de même venue. Avant de me tendre la main pour l'adieu du départ, comme il l'a fait dès l'arrivée pour l'accueil, le Président me remet un bel album habillé de velours rouge. Une vingtaine de photographies y montrent, dans le décor de jardins féeriques, les aspects de la délicieuse maison de campagne que Yuan-Shi-Kai possède à Tcen-Téfou, dans le Hanan. Il veut que je tourne devant lui ces pages pittoresques. Il est particulièrement heureux de me montrer l'image où il apparaît lui-même, seul, dans un petit bateau, vêtu d'un sayon de poil de chèvre, coiffé d'un chapeau de paille, et surveillant, en pêcheur passionné, le flotteur de sa ligne.

A la dernière page de ce recueil, Yuan-Shi-Kai a tracé de sa main quelques caractères. Ils signifient en substance :

« Dans ce lieu champêtre, j'ai restauré ma santé, et recouvré la paix. »

CHAPITRE XXXVIII

LA CHINE EN FRANCE

Mars 1918.

Déjà un peu d'histoire s'est écoulée depuis que ces pages ont été écrites. Deux faits nouveaux, formidables, se sont imposés aux méditations du Japon et de la Chine.

Ils ont vu les États-Unis sortir de la neutralité et passer à l'action aux côtés des Alliés.

Ils ont vu l'Empire des Tsars crouler à l'abîme et la révolution russe aboutir à la paix de Brest-Litovsk.

Du coup leurs attitudes ont été changées. Est-ce à dire que la violente agitation qui soulève la surface, se fasse sentir à une sensible profondeur? Modifie-t-elle de fond en comble les positions historiques que les deux grands peuples jaunes occupent l'un en face de l'autre, et puis vis-à-vis de l'Européen?

Je serais bien surpris que telle fût l'opinion de

ceux qui ont une connaissance exacte des hommes et des choses d'Extrême-Orient. Il reste que la désagrégation de la Russie ouvre au Japon un large champ de travail. Elle va le détourner, jusqu'à un certain point, des activités qu'hier encore il orientait du côté de la Chine. Cette modification d'aiguillage peut atténuer ce qu'il y avait d'aigu dans certaines concurrences où l'Angleterre se trouvait en compétition presque directe avec son allié asiatique. Du même coup, la Chine va se sentir rassurée. On n'aperçoit vraiment de difficultés nouvelles que lorsqu'on se prend à regarder du côté des États-Unis. Il convient de trouver ici une formule qui accorde le droit absolu que les peuples ont de disposer d'eux-mêmes avec l'avortement de la révolution russe et avec la réalité de l'état des choses et des hommes en Extrême-Asie.

... Peu de mois après qu'il m'avait remis la page de caractères, tracée de sa main, dans laquelle il félicite l'homme à qui le repos est enfin permis, le président Yuan-Shi-Kai est entré dans la mort. Le destin ne lui a pas donné le loisir de pousser à bout son entreprise de restauration monarchique.

Est-il décédé de quelqu'un des inconvénients de santé qui, parfois, clouait à la chambre sa soixantaine vigoureuse?

Une version officielle l'affirme : sa mort aurait

été simplement la suite d'une certaine impossibilité à vivre. Ce n'est pourtant point sacrifier à un vain goût du romanesque que considérer avec quelques précautions la rapidité de cette fin. Je vois repasser sur l'écran de mon souvenir les expressions des serviteurs que l'amour de l'idée républicaine avait ralliés à la fortune de Yuan-Shi-Kai. Les velléités impérialistes que leur Maître s'est tout d'un coup découvertes, ont pu blesser au cœur quelqu'un de ces fidèles. Une main a pu se tendre pour offrir à ce chef d'État la fâcheuse tasse de thé par où l'Histoire congédie un Yuan-Shi-Kai sans plus de cérémonie qu'un simple passant, quand l'heure de son audience est écoulée.

Le fait est qu'avant d'entrer dans le silence, Yuan-Shi-Kai a traversé une minute de résipiscence. Lui-même il a jugé que son ambition l'avait égaré. Il a reconnu que la fin de sa Présidence a été néfaste aux idées qu'il avait juré de servir. Cette sorte de confession publique ne doit point passer inaperçue à une minute où l'Europe s'interroge sur l'état d'esprit et la sincérité de conscience des hommes qui aspirent à gouverner la Chine nouvelle. Elle est un gage du sérieux avec lequel un Chinois compose sa vie, et, avant que d'en sortir, estime qu'il en doit rendre compte à ceux qui en furent les dépendants ou les témoins.

De ce terrain des principes, dès le mois de décembre 1915, j'ai pu exprimer la conviction que la Chine en était arrivée à un point de réflexion où sa sortie de la neutralité, et puis son adhésion à la cause des Alliés, n'étaient plus, logiquement, qu'une question de temps.

Si la préoccupation d'une restauration impériale a retardé de quelques heures cette décision de bon sens, tout franc retour à l'idée républicaine devait hâter ce dénouement. C'est ce qui est advenu. La Chine n'a pas seulement rompu avec les Puissances Centrales, elle s'est déclarée l'alliée des Alliés.

En dehors d'un choix de sympathie qui nous est favorable, ce geste contient une affirmation de plus de la volonté où est la Chine d'évoluer désormais avec la figure d'une République. Si, à certaines minutes, nous avons été tentés de penser que les vieilles rivalités de Canton et de Pékin, du Midi et du Nord, risquaient de mettre en péril l'Empire du Milieu, la comparaison de l'évolution chinoise avec le cyclone dans lequel la Russie vient de disparaître, démontre, une fois de plus, quelle protection une nation puise dans une tradition personnelle et séculaire, à la minute où un bouleversement, qui met en cause la forme actuelle du gouvernement, menace de tout emporter.

J'ai demandé à l'un des Jeunes Chinois qui ont de notre langue la pratique la plus déliée, M. Li

Tchuin, attaché à la légation parisienne de la République de Chine, de préciser pour le lecteur français ce qu'il faut entendre au juste par cette formule : « la tradition séculaire et républicaine des Célestes. » Il m'a répondu par cette note à laquelle je me ferais scrupule de changer un iota :

« — Je ne crois pas que personne ignore maintenant, m'a déclaré M. Li Tchuin, que la Chine soit en République ; mais, ce dont je doute, c'est que l'on sache qu'elle y a toujours été, ou du moins qu'elle a toujours gardé, à défaut de la forme, les principes républicains. Voici quelques preuves historiques à l'appui de mon assertion :

« Les origines de notre histoire remontent en arrière, à 4615 ans ; mais, la Chine n'apparaît réellement comme un État constitué que 340 ans plus tard. A ce moment, déjà, le roi Yao, de la dynastie de Tang, sur le point de mourir après un règne de cent ans, s'est refusé à maintenir le principe d'hérédité. Il a écarté son fils du trône, il a choisi comme successeur un étranger à sa propre famille : Shoen, renommé pour sa sagesse. Il a fait ce choix sans s'arrêter aux tares connues des parents de Shoen : un père idiot et un frère perdu d'orgueil.

« Le roi Shoen a également pris son successeur, Yu, en dehors de sa famille. Il a fait choix d'un de ses fonctionnaires, homme d'un grand mérite, qui avait réussi, grâce à son habileté et à sa décision, à arrêter les inondations dont le pays était dévasté depuis la dynastie de Tang.

« Il résulte de là que, dès cette époque, les principes démocratiques commençaient à se faire jour. Le pays n'était pas considéré comme la propriété d'un seul homme ou d'une seule famille, mais comme un bien public dont la gestion était confiée au plus capable. Si, à ce moment, le droit de vote avait existé, Shoen et Yu auraient été, sans doute, nommés « Présidents à vie ».

« Yu, lui-même, avait coutume de dire :

« — Mon peuple voit tout ce que le Ciel voit ; il « entend tout ce que le Ciel entend. »

« Il voulait montrer ainsi à son peuple la prépondérance qu'il accordait à sa voix.

« Il y a 3 000 ans à peu près, sous la dynastie des Tchou, des décrets ont été rendus et des mesures prises pour améliorer le sort du peuple. Chaque année, dix mille personnes étaient appelées auprès du Roi pour former son opinion en le mettant au courant des aspirations générales du Pays.

« Il y a 1650 ans environ, sous la dynastie des Han, lorsque Tching-Wen-Koun se rendait en char sur le champ de bataille, les valets qui tenaient en main ses coursiers chantaient. Le Roi les écoutait attentivement. Suivant que leurs chants paraissaient empreints de confiance ou de lassitude, il en déduisait le sort des prochains combats.

« Ces quelques faits — pris au hasard parmi des milliers analogues dans l'histoire de la Chine — montrent que, déjà, à ce moment, le peuple, sans avoir d'assemblée constituée, participait néanmoins à la vie politique du pays. On réalisait ainsi le principe fondamental du régime démocratique. Si, plus tard, ce principe s'est obscurci, c'est qu'une dynastie étrangère, celle des Tsing, a occupé le trône pendant près de trois siècles, en opprimant le peuple pour maintenir son autorité, — et si, en Europe, l'opinion d'une Chine Impérialiste s'est, au contraire, répandue, c'est que la Chine a été visitée par les Européens surtout pendant cette période.

« Je rappellerai encore quelques paroles de nos anciens philosophes où nous retrouvons des traces très nettes de ces idées démocratiques : c'est ainsi que Se-Koang disait :

« — Le peuple est aimé du Ciel. Croyez-vous « que le Ciel le laisserait opprimer sans punir « l'oppresseur ? »

« Mong-Fou-Tse a dit également :

« — Celui qui transgresse les lois de la bonté « est un coupable, celui qui transgresse les lois « de la justice est un criminel ; celui qui les viole « toutes les deux doit être mis au ban de l'huma- « nité. »

« Ailleurs, il a dit encore :

« — Le Peuple, par rapport au Roi, est d'un « poids incomparablement plus lourd. »

« Kao-Tang-Long déclare que le Pays n'est pas la propriété d'un seul, mais de tous.

« Tsang-Wen-Kou dit :

« — J'ai toujours entendu qu'un homme doit « servir son Pays, mais jamais que le Pays doit « servir un individu. »

« Toutes ces citations montrent, n'est-ce pas, que le peuple chinois, de toute antiquité, aspirait à la liberté et nourrissait des sentiments démocratiques. Bien avant que l'*Esprit des lois* et le *Contrat social* se fussent imposés en France, les Chinois en pratiquaient les idées directrices. C'est pour cette raison que, malgré la longue durée d'oppression de la dynastie des Tsing, la première révolution chinoise, à la fin de 1911, a trouvé un terrain tout préparé, et qu'elle a pu aboutir, avec une rapidité qui a étonné les Chinois eux-mêmes.

« Nos ancêtres avaient coutume de dire :

« — Semez des courges et vous récolterez des « courges ; semez des pois et vous récolterez des « pois. »

« Notre antiquité a semé la liberté et l'esprit démocratique, nous récoltons actuellement la moisson, nous venons, tout naturellement, nous joindre aux défenseurs de la Liberté. »

C'est une satisfaction de constater qu'un des premiers effets de la totale rupture de la Chine avec les Puissances Centrales a été le rajustement du Consortium financier dont des hommes comme Liang-Chi-Yi hésitaient à expulser les Allemands. Ainsi les amis de la Chine et la Chine elle-même ont désormais entre les mains un instrument qui servira efficacement le projet de réorganisation du pays et les idées de progrès.

De même, une solution acceptable a-t-elle été donnée à ce problème du transport des ouvriers chinois en France, dont Liang-Chi-Yi m'avait entretenu avec un intérêt vif. Un rapport sur les conditions dans lesquelles cette main-d'œuvre s'est installée chez nous a été publié par un Céleste qui a reconnu les faits, sans parti pris, et aperçu, dans ce qu'il a vu, un début de collaboration ouvrière dont la France et la Chine auront lieu de se louer dans l'avenir (1).

« — Les travailleurs chinois, dit ce visiteur, ont été dans le passé employés en divers lieux, en Californie, en Australie, à Panama, et dans l'Afrique du Sud ; mais, depuis 1866, aucune tentative ayant l'ampleur de l'expérience qui s'organise en France n'a été tentée en dehors du Transvaal.

« Lorsque, cette fois-ci, les Chinois se sont mis en route pour la France, ils se sont embarqués

(1) *The New Statesman*, 13 january 1917.

sous le régime d'un contrat. Mais il ne pouvait être question de régler les choses par une convention diplomatique : à cette minute, la Chine conservait encore dans la guerre l'attitude de la neutralité. Elle n'avait point à empêcher ses sujets de répondre à des offres profitables. Elle devait veiller à ce qu'ils ne pussent être entraînés à faire acte de belligérants.

« Le contrat est signé pour cinq ans, mais, dès la fin de la première ou de la troisième année, le Commissaire français peut rompre l'engagement ; d'autre part, l'émigré, après l'expiration de son contrat, peut, s'il le désire, continuer de résider en France ou dans les colonies françaises aussi longtemps qu'il en manifeste le goût.

« Ces travailleurs sont divisés en deux classes : les spécialistes et les manœuvres. Les premiers reçoivent un salaire quotidien d'un franc cinquante, les seconds d'un franc vingt-cinq. Il est entendu que l'on ne travaillera pas plus de dix heures par jour. En plus de ces salaires quotidiens, tout manœuvre reçoit trente-cinq francs par mois pour « être délégués à sa famille ou à ceux qui dépendent « de lui », et tout ouvrier de métier reçoit quarante francs. Ces dernières sommes sont payées en Chine par l'intermédiaire d'un syndicat. (Et c'est ici qu'apparaît la marque de fabrique de Liang-Chi-Yi.)

« A ces gages qui peuvent sembler modérés,

s'ajoutent des avantages qui en transforment la valeur : les Chinois immigrés sont logés, vêtus, nourris pour rien. Les conditions stipulées, de ce chef, par les clauses du contrat sont constamment dépassées par la générosité française. A la date du 10 octobre, qui est la fête de la République chinoise, ordre vient du Gouvernement qu'un jour de congé soit accordé à tous les travailleurs. La journée ne se passe point sans gâteries. Chaque homme reçoit une prime de trois francs. Elle est dépensée au cours d'une excursion à Paris. »

Les étudiants chinois, que la culture française attire chez nous, donnent ici un bel exemple de cette solidarité, — on peut dire fraternelle, — qui est le sceau vraiment républicain de la Chine perpétuelle.

Il y a dix ans que s'est formé le courant qui a commencé de drainer vers nous une élite de jeunesse chinoise. L'instigateur de cette nouveauté fut Tchang-Tchi-Tong, gouverneur de la province de Hu-peh. Il avait conçu l'idée d'envoyer en France et en Belgique des jeunes gens préalablement façonnés qui recevraient, dans nos écoles spéciales, une forte éducation militaire. Tchang-Tchi-Tong avait, pour des raisons que l'on devine, écarté dans l'occasion toutes les avances de l'Allemagne et du Japon. A ce premier envoi auquel nous devons les sympathies acquises d'officiers supérieurement instruits qui seront les réorganisateurs de l'armée chinoise, a succédé, dans les derniers jours de la dynastie mandchoue, après les débuts de la République, une seconde vague d'étudiants. On peut les ranger en deux catégories : les boursiers et les étudiants libres.

Les boursiers sont, pour la plupart, des jeunes gens épris de politique. Ils s'étaient donnés de toute leur âme aux idées nouvelles. Au lieu de solliciter des emplois, ils ont brigué la faveur d'aller continuer leurs études au dehors. Ils veulent se mieux préparer à servir ultérieurement leur pays. Notre Faculté de Droit les a tout naturellement attirés.

Au mouvement, qui a déterminé la venue en France des étudiants libres, est lié le nom d'un Chinois excellent : son empreinte restera marquée dans les nouveautés les plus heureuses qu'a provoquées l'avènement de la République.

M. Li-Yu-Ying habite la France depuis cinq ou six ans. Il a transporté chez nous une intéressante industrie chinoise : la fabrication de ces biscuits que l'on nomme « soja » et qui sont pétris avec de la farine de haricots. M. Li-Yu-Ying est un grand philanthrope et un doctrinaire. Avec l'aide d'un groupe d'amis, il a fondé à Pékin une association. Elle a tout justement pour but d'envoyer en France des jeunes gens qui achèveront leur instruction dans notre contact. L'association veille à ce que ces étudiants ne quittent pas la Chine sans une connaissance pratique du français. Elle ne soutient pas pécuniairement les jeunes volontaires, mais elle les assiste de toutes les façons. Cela va du conseil si sage qui les détourne de s'installer dans les villes de luxe et, par exemple, Paris, où la vie est coûteuse, jusqu'aux soucis de leur trouver des installations pratiques, peu dispendieuses, dans des villes de province, où on a la chance de s'éduquer à peu de frais, tout en entrant avec la vraie France en relation intime. Tout préoccupés qu'ils sont de progrès sociaux et d'idées humanitaires, M. Li-Yu-Ying et ses amis n'orientent pas leurs jeunes compatriotes vers l'étude du Droit. Ils les dirigent bien plus volontiers vers nos cours de Travaux Publics, nos facultés provinciales de Médecine, surtout vers nos écoles d'Agriculture. Dans ces conditions, au moment où la guerre a éclaté, on pouvait recenser en France environ deux cents jeunes Chinois, occupés à s'assimiler notre savoir et nos méthodes. Comme il fallait s'y attendre, les événements dont l'Europe est le théâtre ont déterminé quelques exodes. Mais, d'autre part, les étudiants chinois qui s'étaient groupés en Belgique ont fui devant l'approche des Allemands. Ils sont venus grossir le nombre des fidèles qui ne nous ont pas quittés. Cela constitue encore, à l'heure qu'il est, un petit groupe d'au moins cent soixante personnes.

La façon dont ces jeunes gens s'y sont pris pour venir en aide à ces compatriotes plus humbles qui nous apportent le concours de leur activité manuelle, est digne d'éloge. On devine qu'une grande difficulté a surgi dès le débarquement de ces travailleurs chinois sur le sol français : dirigeants et dirigés se sont trouvés dans l'impossibilité de s'entendre directement.

Les travailleurs chinois, aujourd'hui occupés au nombre d'environ vingt-cinq mille dans les poudrières, dans les arsenaux, dans les manifactures d'armes, dans les chantiers civils, dans les ateliers, ont les origines les plus diverses. Les spécialistes, au nombre de deux mille environ, se sont casés assez facilement dans les arsenaux et dans les usines mécaniques. Mais il y avait de tout parmi les manœuvres : des paysans, des anciens soldats libérés du service, des ouvriers — et aussi des gens doués de l'esprit d'aventure, qui sont venus en France avec l'espoir d'acquérir quelque métier. Lorsque les hasards de la distribution du travail font de ces enfants perdus les servants d'un spécialiste, chinois ou français, ils sont heureux. L'habileté pratique dont ils ont le spectacle est pour eux la meilleure des leçons. Lorsqu'ils restent perdus dans les rangs des hommes de peine, parmi les déchargeurs de navires, les manieurs de pelles et de pioches, aux côtés desquels ils sont dépaysés, ils souffrent. Ils ne donnent pas de satisfaction, ils risquent de devenir des mauvaises têtes.

La connaissance de ces difficultés, si humaines, a touché au cœur les étudiants chinois. Ils ont craint que de ce manque d'entente, naquît parfois une mésintelligence réciproque, qui aurait une répercussion fâcheuse pour les rapports futurs des deux parties en contact. Des démarches officielles de la Légation de Chine auprès du Gouvernement Français ont rassuré de discrètes inquiétudes. On s'est mis d'accord sur la matière et sur la forme de l'instruction que les étudiants chinois allaient donner à leurs compatriotes. Cet effort est en pleine floraison et il se précise dans d'heureux résultats. Ce qu'il y a de particulièrement distingué dans cette initiative, c'est le désintéressement que témoignent ici des jeunes gens lettrés dont les ressources financières sont souvent très minces.

On lit dans le « Statut » d'une de ces Associations d'Étudiants qui s'est mise à l'œuvre avec un zèle particulièrement méritoire :

« Les étudiants chinois de la Faculté de X... ont décidé, d'un commun accord, de consacrer une partie de leur temps à un enseignement en faveur de leurs compatriotes. On s'efforcera de leur donner l'*ensemble des connaissances dont la notion leur est indispensable pour se bien conduire en France.* Les dépenses des étudiants chinois nécessitées par cet enseignement, leurs frais de déplacement, de séjour, etc., seront complètement à leur charge. »

Or, ces charges sont parfois graves. Pendant les mois où un groupement de travailleurs était installé à Bagnères-de-Luchon, on a vu des étudiants venir régulièrement de Toulouse, tous les samedis soir, supporter de lourds frais de chemin de fer, un séjour à l'hôtel, afin d'instruire leurs compatriotes. Si on relève le titre des causeries et des cours qui furent professés devant ces auditoires d'exilés, on n'est pas moins charmé du sens pratique et de la délicatesse qui ont présidé au choix des sujets. Les leçons sur le français, les mots usuels, la conversation, tiennent, bien entendu, une place importante dans ces programmes. Mais on a aussi donné des conférences sur : « La politesse et la soumission aux lois. » « Les mœurs et les coutumes de l'Europe occidentale. » « Le devoir et la conduite. » « L'hygiène. » « Les moyens de communication de la France. » « Le travail et l'économie. » « Le patriotisme et la camaraderie. »

Un effort encore plus large a été tenté à Lyon avec un plein succès.

L'Association des Étudiants chinois chrétiens établis aux États-Unis a délégué un des siens, M. Si, pour venir en France organiser avec le concours pécuniaire du bureau international du « Young Men's Christian Association », tout un ensemble d'œuvres éducatives et morales, dont déjà le bon effet se fait sentir. Les cours dits d' « éducation » portent sur la langue, l'histoire, la science, l'hygiène, la lutte contre l'alcoolisme. Une part est faite à l'actualité sous la rubrique de « Choses du Jour ». La « récréation extérieure » est représentée par une organisation très complète de jeux athlétiques. Les « amusements intérieurs » associent des représentations de théâtre chinois à des soirées cinématographiques, à des concerts, à des auditions phonographiques. Et, bien entendu, il y a des conférences spirituelles — ce n'est pas à dire dogmatiques ou de propagande, — dont les principaux sujets sont par exemple : « Les rapports fraternels. » « Les devoirs envers les supérieurs, les égaux, les femmes, les enfants. »

On espère que ces ouvriers chinois ne retourneront pas seulement dans leur pays enrichis d'argent, mais qu'ils apporteront, en plus, dans leur Patrie, un trésor acquis de dignité et de savoir.

Le correspondant chinois dont je parlais tout à l'heure, juge l'ensemble de ces essais en ces termes :

« — J'ai vu, de mes yeux, des jeunes gens qui apprenaient à ces ouvriers d'abord à épeler le français et puis les caractères chinois. En temps de guerre, comme nous voilà, il ne saurait être question de conflit avec le Parti français du Travail au sujet des conditions dans lesquelles ces ouvriers sont embauchés. En ce qui nous concerne, nous autres Chinois, je profite de l'occasion pour dire que nous saisissons avec plaisir la chance qui nous est offerte d'être utile aux Alliés. Nous avons l'espoir que l'éducation industrielle reçue en France nous servira à développer dans notre propre Pays les mêmes technicités. »

D'autre part, dans une étude consacrée à la main-d'œuvre coloniale mise au service de l'industrie de guerre, M. le sénateur Lucien Hubert conclut :

« L'avantage de l'emploi de la main-d'œuvre chinoise, c'est qu'elle pourra rester sur place, quelque temps après les hostilités, et nous aider à surmonter les difficultés économiques, qui naîtront, au lendemain de la guerre, du fait du manque de bras (1). »

(1) La *Revue hebdomadaire*, 10 février 1917.

CHAPITRE XXXIX

LE PARAVENT MANDCHOU

La République Chinoise est représentée à cette heure en France par un diplomate de carrière qui, dès sa jeunesse, a été un partisan passionné des idées républicaines et un irréconciliable adversaire de la Dynastie Mandchoue. N'est-ce point lui qui eut le courage d'apporter, au nom de son parti, à l'Impératrice Douairière dont les derniers gestes pouvaient être meurtriers, l'avis formel que l'abdication était exigée par la Nation?

J'ai pensé que nul n'était plus qualifié que S. Exc. M. Hoo-Wei-Teh pour caractériser en quelques traits rapides la grande évolution qui, après l'épreuve d'une domination étrangère, rend la Chine à sa véritable destinée. Je lui ai demandé s'il ne voudrait pas m'élever un instant avec lui sur une montagne plus haute que la Montagne de Charbon, d'où nous pourrions découvrir, par-dessus le plan du Palais, au delà du Temple du Ciel et du Temple de Confucius eux-mêmes, les perspectives qui se déroulent pour une Chine régénérée, rendue à sa tradition, à l'inspiration de ses penseurs et de ses philosophes.

M. Hoo a volontiers accédé à mon désir. Sachant l'usage que j'en voulais faire, il m'a tracé avec un sourire ce tableau d'histoire :

« — Il y a, m'a-t-il déclaré, un fait qu'il convient de mettre en lumière au moment où la Chine rentre avec sa figure véritable sur la scène du Monde : c'est que, cette Chine-là, la Chine de Confucius et de nos philosophes, la Chine dont la pensée actuelle est le produit de longs siècles de réflexion et d'expérience, est tout à fait inconnue de l'Europe. Depuis plus de deux cents ans, un paravent a été interposé entre le monde occidental et nous. La cour de Pékin, avec laquelle l'Europe traitait, n'était pas une cour chinoise. Un usurpateur — le Mandchou — s'était installé chez nous par la surprise et par la force ; il n'avait pas de part dans nos hérédités ; il ignorait nos traditions. C'est lui qui nous a fait du tort.

« Nous ne prétendons pas obliger les écoliers d'Europe à s'instruire dans notre histoire chinoise. Elle ajouterait un poids très lourd au faix du savoir occidental. Mais tout de même, il y a des faits essentiels que l'on voudrait voir porter à la connaissance de sociétés démocratiques comme la France, à la minute où le désir de servir un idéal commun nous rapproche si étroitement.

« Les Mandchoux qui ont longuement occupé le trône ne sont pas des Chinois, mais des Mongols. Ils formaient dans le passé une petite tribu de cavaliers nomades, de tireurs d'arc adroits. Jamais ils n'ont mis la main à la charrue. Leur capitale était Moukden, dont le nom signifie : « La Montagne perpétuellement blanche. » Les troubles dont la Chine a été le théâtre au dix-septième siècle, au crépuscule de la dynastie des Mings, leur a donné l'occasion de nous envahir.

« A ce moment-là, l'ouest de la Chine, vers les sources du Yang-Tsé, était troublé par les incursions d'un prodigieux bandit, Chang-Sié-Tsung. Il opérait dans la province de Tsutsang. Au delà des territoires qu'il avait conquis, il faisait rayonner la désorganisation.

« Dans le nord, un autre entrepreneur de désordres, Li-Tsé-Tcheng, s'était attaqué au gouvernement de Pékin. Il avait noué des intrigues avec les eunuques du Palais et, pour quelques jours, il avait réussi à se faire proclamer empereur.

« Dans ces tristes circonstances, un général chinois, Wu-Sang-Koué, qui espérait encore sauver la dynastie, commit l'imprudence de demander le concours des Mandchoux. Il ne s'agissait, bien entendu, que d'une collaboration militaire. Les

Mandchoux jugèrent l'occasion opportune pour jouer une partie à laquelle ils se préparaient depuis longtemps. Ils descendirent sur la Chine comme un flot d'invasion. Ils chassèrent Wu-Sang-Koué, ils entrèrent à Pékin, ils forcèrent l'enceinte du Palais et, tandis que le dernier Empereur de la Dynastie des Mings se pendait à une branche de l'arbre que l'on vous a fait voir sur la Montagne de Charbon, ils installaient en son lieu et place le premier Empereur Mandchou. La chose s'est passée en 1644.

« De son côté, le neveu du dernier des Mings était allé se faire proclamer empereur à Nankin. Il essaya de parlementer avec les Mandchoux : il fit valoir que leur installation à Pékin avait tout le caractère d'une usurpation. Dans ces conditions, les nouveaux venus ne pouvaient espérer rallier à eux l'unanime sentiment de la Chine.

« Les Mandchoux prouvèrent par leur réponse que l'on peut être tout ensemble illettré et retors. Ils déclarèrent :

« — De quoi vous plaignez-vous? Ce n'est pas vous que nous avons détrôné... C'est ce brigand de Li qui occupait le trône.

« L'Empereur de Nankin dut dévorer l'outrage. Aussi bien souffrait-il, par surcroît, de l'audace des bandes suscitées par Li-Tsé-Tcheng. Elles menaçaient jusqu'à la banlieue de Nankin. Dans cette nécessité il s'adressa une seconde fois aux Mandchoux. Il leur demanda de s'associer à ses propres troupes pour les aider à combattre les soldats de Li.

« Il essuya une réponse d'une insolence encore plus grave. On lui signifia :

« — Vous n'êtes plus rien. Si nous avions dans la fantaisie de faire une alliance quelconque, nous nous entendrions avec Li contre vous.

« Voilà les formes de brutalité et d'astuce que les Mandchoux ont employées pour accéder au trône de la Chine. Ce ne fut pas une suite du consentement de notre peuple, mais pure violence de guerre et de trahison.

« Lesdits Mandchoux étaient descendus chez nous avec seize bannières. Elles étaient comme les drapeaux de leurs régiments. Huit de ces bannières apparaissaient portées par des soldats de pure origine mandchoue ; huit autres par des Chinois. Au temps où les Mings n'étaient plus en état de faire respecter la justice, ces Chinois avaient pris le chemin de la Mandchourie. Vous devinez que ces exilés, rentrés dans leur pays sous les bannières du vainqueur, ont contribué, de la façon la plus malheureuse, à acclimater en Chine une dynastie étrangère. Sans leur concours, les Mandchoux n'auraient pas réussi à s'imposer.

« Permettez-moi d'insister un instant sur ce mot

de « bannière ». Quand vous demandez à un Chinois :

« — Qui êtes-vous?

« Il vous dit de quelle province, de quelle ville il vient. Il nomme ses parents. Si vous posez la même question à un Mandchou, vous devez lui demander :

« — De quelle bannière êtes-vous?

« En effet, les Mandchoux qui sont venus chez nous en conquérants n'ont en Chine d'autres origines que leurs bannières : la blanche, la rouge, la jaune, la bleue et les quatre autres qui rappellent ces couleurs distinctives avec l'encadrement d'une bordure.

« Lors donc que les Mandchoux se sont établis en Chine avec l'intention de n'en plus sortir, ils ont décidé que le fait d'être entrés dans le pays, si aisément envahi, sous l'une quelconque des huit bannières, leur donnait le droit de former une façon d'aristocratie. De ce chef, l'empereur mandchou a envoyé dans chacune des capitales provinciales de la Chine un régiment mandchou. Il a placé à sa tête un général mandchou, et, à côté de la ville chinoise, ces étrangers ont bâti une ville tartare où ils se sont installés.

« Je ne prétends pas que ces nouveaux venus n'avaient pas sur nous la supériorité des qualités guerrières : ils avaient beau jeu de mépriser notre idéal pacifique. Le fait est que ces vertus de soldats ne s'entretiennent que par la pratique des armes. La paix dont nous avons joui après tant de troubles a été néfaste aux Mandchoux. Ils n'avaient pas le droit de faire le commerce. Ils vivaient aux frais de l'Empereur. A la naissance de chacun de leurs enfants, leur traitement était augmenté. Pendant plus de deux cents ans, on leur a interdit de se marier avec des Chinoises. Quand cette défense a été levée, ce sont nos filles qui ont refusé d'épouser des Mandchoux. En effet, dans la famille mandchoue, la jeune épousée est purement et simplement la servante, presque l'esclave des vieux parents. Cela ne cadre pas avec nos coutumes. Vous le savez, en effet, le mot chinois qui veut dire « femme » signifie en même temps « égale ».

« A Pékin, les empereurs mandchoux développaient une habileté qui devait nous être longuement funeste. C'est ainsi qu'ils avaient conservé toutes les cérémonies religieuses en usage du temps des Mings. Par là, ils donnaient satisfaction à l'esprit conservateur de beaucoup de Chinois. D'autre part, le goût de la beauté leur était venu et ils protégeaient les arts. Ils s'entouraient d'une splendeur à laquelle ils n'étaient pas en état de résister : elle a fini par les corrompre entièrement. Dans la pratique, ils persistaient à nous imposer comme des maîtres les gens de leurs Bannières. Ils entendaient réserver pour les Mandchoux des signes de distinction extérieurs, par exemple le port de la queue. Ils voulaient contraindre les Chinois à se laisser raser les cheveux sur le dessus de la tête par des barbiers mandchoux. Ces barbiers se promenaient sur les marchés avec un sabre au côté. Ils avaient le droit d'arrêter le premier Chinois venu : ils lui ordonnaient de baisser la tête, ils le rasaient en public. Le barbier avait l'autorisation de décapiter l'homme qui résistait. La Chine garde avec orgueil le souvenir de villes comme Yang-Tchéou : après la défaite du général Sékafa, le dernier officier fidèle à la Cour de Nankin, les habitants de Yang-Tchéou préférèrent passer tous par le sabre plutôt que d'accepter l'injure de la tonsure mandchoue.

« Vous pouvez apercevoir dans ces violences un effet des principes radicalement différents par où Chinois et Mandchoux sont gouvernés. Nous sommes, nous autres, des démocrates, nous accordons nos fonctions d'empire à des hommes qui, pendant une partie de leur vie, ont poursuivi les études les plus difficiles, et qui, chaque année, se présentent à des concours où se coudoient plus de dix mille candidats.

« Jamais les Mandchoux, qui se considèrent comme des aristocrates, n'ont osé affronter ces épreuves en concurrence avec nous. Ils concouraient, sur des programmes spéciaux, et à part. Presque tous étaient admis. Après cela, il nous fallait accepter que, dans chaque ministère, la moitié des fonctionnaires fût composée de Mandchoux. Arrogants et ignorants, ils rejetaient sur leurs collègues tout le poids des responsabilités et de la besogne.

« Voilà le régime qui, chez nous, a duré trois siècles et demi. Si des Chinois ignorants et fanatisés ont été compromis dans cette insurrection des Boxers, qui a été voulue et provoquée par feu l'Impératrice Douairière, — c'est-à-dire par la concubine mandchoue d'un empereur mandchou, — il est aujourd'hui de notoriété européenne que ce furent, une fois de plus, des chefs mandchoux qui, ce jour-là, dirigèrent un mouvement xénophobe.

« Nous autres, Chinois, nous avons renoué sur ces ruines nos espérances d'aujourd'hui à nos traditions d'hier. Cette Chine-là, alliée des Alliés, se dispose à tenir son rang dans un Monde renouvelé. »

CHAPITRE XL

LE JAPON EN 1917

Il semble que nos Alliés Japonais ont été aussi surpris que nous-mêmes par l'effondrement total de la Russie et par la signature du traité de Brest-Litovsk. Cet inattendu met d'abord en échec les plans d'action russo-japonaise dont, au cours de l'automne 1915, la visite du grand-duc Michaëlo-vitch fut la préface.

On disait alors couramment dans les chancelleries d'Extrême-Orient :

— Évidemment, le Japon fait valoir aux yeux de la Russie le développement considérable de sa population. Il insiste sur l'impossibilité où il est de s'installer au Canada, aux États-Unis ou en Australie avec la figure d'un immigrant pacifique, cordialement accueilli. Il précise que si, administrativement parlant, il a fait de la Corée une colonie prospère, à cause de la rigueur du climat il ne rencontre pas sur ce sol un lieu favorable à l'installation de l'agriculteur japonais. Il ne dissimule pas, qu'un jour ou l'autre, il compte trouver en Mandchourie une compensation à ce qu'il qualifie des « déboires ». Il laisse entendre qu'il considère ce bénéfice comme une récompense. Elle lui serait due à cause de la fidélité à ses engagements dont, dès le début de la guerre, il a donné des marques à l'Angleterre. Or, il y a une Mandchourie du Nord et une Mandchourie du Sud. Si l'on jette les yeux sur la carte, on s'aperçoit que les eaux importantes coulent sur le versant sibérien. On en peut conclure ceci : le jour où la Mandchourie Méridionale viendrait à tomber dans les mains du Japon, la Mandchourie du Nord, — tel un fruit mûr, — choirait d'elle-même dans le panier aux vendanges du Tzar et de ses conseillers. Et ce sont là perspectives alléchantes !

Si ces vues furent réellement échangées, avec la disparition d'un des interlocuteurs, elles sont devenues lettres mortes.

D'autre part, l'analyse des raisons qui, en 1915, écartaient la chance d'une intervention militaire du Japon sur les champs de bataille de l'Europe, enfermait mieux que la vérité d'une heure, puisque après deux années écoulées, sur ce point important, l'attitude du Japon ne s'était pas modifiée.

C'est hier, le 15 novembre 1917, que M. Shoda, ministre des Finances du Japon, dans le cabinet Terauchi, a officiellement renouvelé la déclaration de ses prédécesseurs. Il a parlé à Osaka devant les groupements financiers et industriels de cette laborieuse cité.

Il a dit textuellement :

— L'envoi de troupes hors du Japon est impossible pour des raisons qui sont évidentes.

Il a tenu à mettre en lumière « l'aide que le Japon, aujourd'hui comme hier, offre à ses Alliés européens dans leur lutte contre les Puissances Centrales ».

— En dehors de notre coopération navale dans la Méditerranée et dans d'autres mers, a-t-il très justement rappelé, nous avons vendu aux Alliés des steamers. Avec l'autorisation du gouvernement, beaucoup de nos navires transportent des cargaisons à destination des Pays Alliés. Mais c'est sur le terrain financier que le Japon a rendu aux Alliés les services les plus notables. Depuis la date de la déclaration de guerre à l'Allemagne, en 1914, jusqu'au mois d'août dernier, le Japon a dépensé au moins un milliard cinq cent mille yen pour assister l'Entente directement ou indirectement. Nous avons pris des parts dans les emprunts de guerre, souscrit aux Bons de Défense, peut-être même peut-on considérer comme une aide directe les rachats de la dette japonaise sur les différents marchés alliés ?

M. le Ministre des Finances avait tenu à clore son discours par un couplet de confiance. On y avait senti la clairvoyante et supérieure influence du ministre des Affaires Étrangères, M. Motono, un des hommes de l'Extrême-Orient qui connaît le mieux la situation respective des divers pays de l'Europe.

— Les Alliés, avait déclaré M. Shoda, sont déterminés à pousser cette guerre, quelle que soit sa durée, jusqu'au bout. Donc, les choses étant ce qu'elles sont, l'immédiate restauration de la paix n'est pas vraisemblable. Tout propos pacifique, qui se produit à l'heure qu'il est, est de fabrication allemande.

Sûr que, dans ces conditions, les Alliés, continuateurs de la guerre, étaient plus généralement sympathiques à un auditoire d'industriels et de financiers japonais que les Allemands avides de paix, le Ministre avait conclu :

— Même si la paix était immédiatement restaurée, une telle mesure n'aurait pas de prompte répercussion sur les conditions de notre vie économique. Ne vous laissez donc point troubler par ces rumeurs de paix.

Enfin, il avait annoncé aux chefs d'industrie et aux manieurs d'or qui l'entouraient, cette bonne nouvelle :

— Quand le Gouvernement a établi le budget de l'année qui vient, avant tout, il a décidé de mettre au point qu'il faut les armements de ce Pays.

Et ces dernières paroles avaient été pour les initiés le commentaire de la phrase sur les « raisons évidentes » pour lesquelles le Japon ne s'engagerait pas en Europe. »

A la minute où un membre du Gouvernement proclamait cette doctrine officielle de l' « abstention », certains milieux de haute culture japonaise ne semblaient pas plus décidés à orienter leurs sympathies du côté des Alliés. C'est au mois d'octobre dernier qu'un des maîtres les plus écoutés de l'Université Impériale de Tokio, le professeur Surutaro Senga, a publié, dans la Revue *Taiyo*, sous ce titre : *La position du Japon dans la guerre européenne*, un exposé de principes qui a fait du bruit.

L'article aurait été fabriqué à Berlin même, et envoyé au Japon tout cliché, qu'il n'aurait pas témoigné d'un dédain plus complet des motifs pour lesquels les Alliés se battent, revendications de Droit ou d'Idéal. On lit tout de même avec profit une déclaration de ce caractère. Elle est un exemple des crudités que la « Kultur » triomphante imposerait à l'Univers. Il ressortait avec clarté de l'opinion exprimée par ce haut professeur de l'Université Impériale de Tokio que nulle question de principe n'était ici en cause. Il s'agissait purement et simplement d'intérêt particulier et bien entendu. Or, l'intérêt du Japon qui tire de si grands profits de cette guerre est clair : il ne doit point travailler à la raccourcir (1).

Cette pensée sage, sinon généreuse, revenait comme un thème favori sous la plume de journalistes optimistes :

— A quoi bon, disaient-ils, nous saigner d'or et d'hommes pour obtenir des résultats que nous récolterons fatalement, logiquement, sans prendre aucune peine?

En ce qui concernait l'état d'esprit de la nation japonaise, considérée en son ensemble, il ne reflétait aucune préoccupation spirituelle, voire hautement politique, qui autorisât à augurer d'une orientation finale de l'opinion nippone vers les espérances morales et sociales que représentera la victoire des Alliés.

Le bilan de la mentalité actuelle de la foule japonaise venait d'être dressé par un des siens. Il l'avait établi avec une crudité que, chez nous, l'on eût été porté à croire voulue, si l'article, spécialement écrit pour le journal américain le *New*

(1) La liberté dont a joui le professeur Senga est d'autant plus digne de remarque qu'au Japon la censure s'exerce de la façon la plus active. Tout récemment, un professeur japonais de l'Université de Waseda, a écrit une *Moderne histoire du Socialisme.* C'était un ouvrage scolaire. Il exposait seulement le développement moderne de l'idée socialiste. Le gouvernement japonais a interdit la publication de cet ouvrage.

York World, n'avait été réimprimé, à Tokio, sans provoquer ni protestations, ni corrections (1).

L'auteur de ces pages, — un économiste japonais, qui a été un des élèves des plus distingués des Universités de son pays, et puis des Universités américaines, — déclarait :

« — La plupart des étrangers qui ont visité le Japon dans ces dernières années, disent :

« — Dans ce conflit européen, le Japon est du « côté des Alliés, mais le Japon est pro-germain. »

« La vérité est autre : le peuple de chez nous est absolument indifférent à l'issue de cette guerre européenne. Le conflit est si éloigné ! Et puis nos gens ne voient pas comment l'issue de cette aventure pourrait affecter la vie du Japon lui-même.

« Il y a cinquante ans, après la Restauration, le Gouvernement Japonais a emprunté à l'Allemagne ses éléments de gouvernement. Il a envoyé officiellement de jeunes Japonais étudier en Allemagne. Tout ce qui revenait d'Allemagne a été adoré dans les cercles militaires et aussi dans les sphères gouvernementales. Les événements dont l'Europe est le théâtre n'ont pas ébranlé ces admirations. La majorité des officiels japonais continue de croire que, finalement, l'Allemagne l'emportera sur ses adversaires.

(1) Dans le numéro du 17 octobre dernier du *Japan Advertiser*.

« En 1914, quand il s'est agi de déclarer la guerre, les membres du Conseil Impérial étaient divisés en deux camps. Une fraction importante était persuadée que la victoire appartiendrait à l'Allemagne. Elle affirmait que prendre parti contre une telle puissance était exposer l'avenir même du Japon. Le marquis Okuma, alors président du Conseil, a conté depuis que jamais, dans l'histoire du Japon, un débat aussi violent ne s'est produit dans la Cour Impériale.

« Depuis, le Japon a joué dans la guerre le rôle que l'on sait. Il a attaqué Tsingtau. Il a conquis les archipels allemands de la Polynésie. Il a fourni à la Russie des munitions. Il a envoyé des destroyers opérer dans la Méditerranée ; mais, d'un autre côté, il a prêté à l'Allemagne une assistance indirecte.

« Dieu sait ce que l'on a écrit sur le rôle des espions japonais aux États-Unis, mais personne n'a parlé de ce que les espions allemands se permettent au Japon ! Ces fauteurs d'intrigues vivent pacifiquement dans l'Empire ; ils agissent sans être contrariés. Des ouvrages de propagande allemande sont librement traduits en japonais. Nous possédons une censure vigilante : jamais elle ne s'est élevée contre l'audace allemande. N'a-t-on pas vu le baron Goto, actuellement ministre de l'Intérieur, énergiquement accusé, lui-même, lors de la dernière session de la Diète Impériale, d'avoir traduit en japonais un tract de propagande allemande, et d'avoir veillé à sa distribution?

« L'indifférence du peuple japonais, pour le grand drame qui se joue en Occident, se manifeste en toute occasion. Il y a quelque temps, l'élite de nos hommes politiques et de nos gens d'affaires de Tokio a eu l'idée généreuse de constituer un fonds de secours à l'intention des soldats malades et des blessés des armées de l'Entente. On lisait dans le comité les noms du prince de Tokugawa, descendant du dernier Shogun, le baron Shibusawa, M. Shémada, speaker de la Chambre des Représentants, et *tuiti quanti*, sans parler de tous les rois de l'industrie et du commerce. On comptait réunir au bas mot sept millions de francs. Le comité a donc lancé sa souscription dans le public et puis il a attendu. Rien ne venait. Alors on a tenté de créer un mouvement. Le baron Shibusawa s'est mis en route, il a parcouru le pays, sans résultat. Là-dessus, l'Empereur et l'Impératrice ont donné 1 250 000 francs, et les membres du comité, les officiels, les citoyens de marque ont fait l'appoint. Il reste que le peuple, en son ensemble, n'a rien donné.

« Est-ce à dire que la guerre l'a appauvri?

« Pendant que toutes les nations du monde, même les neutres, considèrent sérieusement la nécessité d'économiser, pendant que les États-Unis se restreignent comme ils le font, librement, afin d'aider les Alliés, quelle est l'attitude du Japon?

« Le Japon vit dans une folie de luxe et des extravagances qui avaient toujours été inconnues en ce pays. Les maisons de thé réalisent des fortunes incroyables. Le seul moyen que l'on ait de se réserver une chambre dans une maison de thé est de la retenir des mois à l'avance. Des armateurs millionnaires, des producteurs de munitions millionnaires achètent en concurrence toutes les villas d'agrément, toutes les maisons de campagne. Il ne reste plus dans tout le Japon une maison d'été qui soit à vendre. D'autres nouveaux riches louent des hôtels entiers pour y passer l'été. Récemment l'un d'eux, après une semaine de séjour, a donné 17 500 francs de pourboire à une servante. Dans les restaurants à la mode, les dîners de 250 à 1 250 francs par tête sont fréquents. A Osaka, un restaurant refuse de servir personne à moins de 100 francs par couvert. C'est une pluie d'argent. Aucune taxe de guerre ne la frappe, car il y a dans le gouvernement des officiels qui tirent de la fourniture trop de profit pour s'imposer eux-mêmes. »

CHAPITRE XLI

L'HEURE DU JAPON

Ces manifestations de tiédeur datent, les unes de quelques mois, les autres de quelques semaines. Cependant, au premier appel de ceux qui ont qualité pour indiquer à la nation japonaise le chemin du devoir, voici que nous la voyons tout entière debout et prête à l'action.

Comment expliquer un changement si brusque?

Je demande au lecteur de ces pages de se reporter à ce qui a été écrit, ici même, sur l'âme nippone (1), sur le peu d'importance que l'opinion publique joue au Japon dans l'orientation de la politique étrangère, sur la discipline dont les journaux les plus intransigeants font preuve aux heures critiques, sur l'universelle loyauté que le Japon témoigne au symbole vivant que représente son Empereur.

Lors de mon retour en Europe, — par la Sibérie et par Petrograd, — j'ai eu l'heureuse fortune

(1) Voir plus haut, p. 32-58.

d'être l'hôte de M. Motono. Il était alors l'ambassadeur du Japon auprès du Tsar. Je lui étais adressé par d'intimes amis. J'ai pu sentir, au travers de sa causerie, la parfaite connaissance où il est de l'Europe et particulièrement du Monde Russe. C'est pour le Japon une chance heureuse à l'heure qui sonne, de posséder dans le gouvernement un homme si préparé à peser les difficultés du jour.

Mais si prêt que le Gouvernement Japonais soit, en son ensemble, à peser ses responsabilités, ce n'est pas de lui que viendra la résolution qui, pour un long avenir, décidera des destins de l'« Empire du Soleil Levant ». Derrière la résolution du Parlement, apparaissent, une fois de plus, ces Vieillards qui, en 1914, quand les Allemands s'imaginaient que le Japon allait faire cause commune avec eux, ont décidé, au profit des Alliés, du choix de l'Histoire (1). Ce ne sera ni la politique du jour, ni l'antique esprit de clan qui vont orienter le Japon vers l'acte auquel ouvertement il répugnait hier. La décision viendra des Genero, de ces Anciens de la Nation que leurs fortunes, leurs âges, leurs honneurs, élèvent au-dessus des ambitions et des passions. Ces personnages augustes n'ont pas seulement développé leurs carrières à l'intérieur du

(1) Voir plus haut, p. 65.

pays. Ils n'ont pas limité leur expérience aux conditions de cette moitié de la terre qui les a vus naître : ils ont eu contact avec le Monde.

Le marquis Matsuka connaît toute l'Europe et l'Amérique. En 1871, le prince Oyama assistait au siège de Paris. Aux jours de la guerre avec la Russie, il a commandé en chef l'armée de Mandchourie. Au moment de la guerre russo-japonaise, le prince Yamagata était le chef de l'État-Major général des armées. Ainsi les membres de ce conseil souverain sont, sur tous les terrains, le politique et le militaire, uniquement préparés à étudier le problème que leur proposent le Japon et les Alliés. On peut avoir la foi qu'ils le résoudront non point dans un esprit de particularisme de race, d'égoïsme commercial, d'enivrement de conquête, mais dans la contemplation de la Gloire et de l'Histoire, pour le plus grand bien de ce Japon qui se croit et qui veut être le Japon Éternel.

Dès la première minute, un principe essentiel a été posé par le vicomte Motono.

Le 24 février dernier, il a déclaré :

— Si la paix entre la Russie et l'Allemagne est définitivement signée, le Japon prendra des mesures de la nature la plus décidée pour faire face à la situation. Le départ de Petrograd du vicomte Uchida ne signifie pas la rupture avec la Russie.

Par cette nuance, il était paré au nouveau mensonge que les Allemands essayeront de soulever. *Le Japon ne déclare pas la guerre à la Russie :* il vient à son secours ; il veut contribuer à empêcher qu'elle tombe, poings liés, aux mains de ses pires ennemis.

Cette déclaration satisfait pleinement Paris, Londres et Rome. Et M. Stephen Pichon, notre ministre des Affaires Étrangères, est l'interprète du sentiment de ces Trois Puissances quand il dit, en substance, devant la Commission des Affaires extérieures de la Chambre :

— Les Japonais ont un droit et un devoir : sauvegarder ces produits de leur industrie qu'ils destinaient au gouvernement russe alors qu'ils croyaient ce gouvernement capable de soutenir la guerre. Les stocks de céréales qui sont accumulés en Russie, la ligne vitale du Transsibérien, ne doivent pas tomber au pouvoir d'agents allemands. Le Japon n'obéit pas seulement ici à l'impulsion de son intérêt national ; il agit pour le bien de tous quand il médite de faire échec à la pénétration allemande dont les prétentions vont déjà jusqu'à la mer Caspienne, — quand il songe à se dresser en face d'un ennemi, maître de Kief, demain d'Odessa, qui aspire à détruire l'équilibre des Puissances en Asie.

Reste à créer l'harmonie entre cette intervention et les vœux du Gouvernement Américain.

Aucune nécessité d'heure ne décidera jamais le

président Wilson à se mettre en contradiction avec les principes au nom desquels il a demandé aux États-Unis d'entrer dans la guerre. Il est naturel qu'avant de donner son acquiescement à l'occupation de la Sibérie, il demande au gouvernement de Tokio des déclarations telles qu'elles puissent rassurer le peuple russe, — cette partie saine de la nation, hier alliée, que les Alliés veulent sauver de la désagrégation et du déshonneur.

CENSURÉ

Et maintenant quel sera dans ses développements le caractère exact de cette intervention du Japon?

Jusqu'où sera-t-elle poussée?

Cela dépendra de la volonté nippone et puis des circonstances.

J'ai parcouru, dans la deuxième année de la guerre, par la voie du Transsibérien, tout l'espace qui sépare Pékin de Petrograd. La ligne en son entier était gardée. Chaque pont était traversé avec une circonspecte lenteur. A la minute de ces passages, des soldats montaient dans le train avec des fusils armés, baïonnette au canon. De jour et de nuit, ils poussaient d'autorité les portes des cabines. Jusqu'à ce que le passage périlleux eût été franchi, ils ne quittaient pas de l'œil les voyageurs enfermés dans les compartiments. Il s'agissait d'empêcher que quelque agent allemand lançât, par une glace abaissée, une bombe, qui aurait crevé un pont et interrompu la circulation des trains militaires. Si de pareilles précautions étaient nécessaires dans le temps où l'armée russe formait sur la frontière occidentale de l'Empire, une haie infranchissable, on devine jusqu'où peuvent aller aujourd'hui de justes inquiétudes.

Des spécialistes précisent que l'armée japonaise est outillée pour exploiter les voies ferrées, pour remettre en état les tronçons qui ont été détruits par les Bolchevicks (1). Elle dispose d'un régiment dit « des Chemins de Fer ». Il est normalement constitué à trois bataillons de quatre compagnies et il a été récemment renforcé. Si la campagne s'engage, le Japon pourra recourir sur ce terrain à l'aide industrielle des États-Unis. L'exploitation de la ligne en sera rendue plus intense, les voies seront

(1) ARDOUIN-DUMAZET, *la Liberté*, 5 mars 1918.

doublées où il faut, le nombre des garages croîtra.

La résistance à laquelle on se heurtera dans l'occasion sera certes incapable de barrer la route à la progression japonaise. Déjà des combats se sont produits à l'ouest de Tchita, à 325 milles à l'est du lac Baïkal, et sur le chemin de fer lui-même entre les Cosaques Bouriat et les Bolchevicks. Ces derniers, mal organisés, mal commandés, n'ont pas eu le dessus. Il faut d'ailleurs aller au plus court. Quelque intérêt qu'il y ait à empêcher que les Allemands n'accèdent aux mines de cuivre de l'Oural, il s'agit de leur barrer d'abord la route du Pacifique.

Le Japon d'aujourd'hui est en état de tenter un tel effort. Sa population dépasse la nôtre d'un tiers. En 1914, le nombre des Japonais instruits par le passage sous les armes montait à 1 637 000 hommes, 742 000 appartenaient à l'armée active, 780 000 à la réserve. Toujours à la même date, le Japon disposait de 76 régiments d'infanterie, 27 de cavalerie, 25 régiments d'artillerie montée, 10 batteries à cheval, 21 bataillons de montagne, 6 régiments d'artillerie lourde, comprenant 96 batteries de première ligne, 30 batteries de réserve ou de dépôt. Grâce à la parfaite éducation du corps des officiers, ces unités peuvent être rapidement accrues. Même en tenant compte des garnisons qu'il faudrait échelonner le long des voies ferrées, 500 000 hommes demeurent disponibles. Ils pourraient être mis en route au moment où les glaces vont se briser et où le printemps sibérien refleurit les chemins par où aisément passera une intervention victorieuse.

Le Cabinet Chinois est emporté par le mouvement qui se dessine. Il décide de mettre des délégués en route pour le Japon afin de discuter avec eux des conditions d'une collaboration militaire. Il demande que, dans le même esprit, le Japon envoie des délégués à Pékin.

Le dernier tronçon du Transsibérien qui sert d'axe à toute opération militaire en Extrême-Orient traverse le territoire chinois. On doit donc s'attendre à un accord sino-japonais qui, sans doute, coïncidera avec l'action. Déjà le Gouvernement Chinois donne ordre aux Gouverneurs de la province de Loung-Kiang, de garder les frontières contre la menace sibérienne. Il entend donner des pouvoirs extraordinaires aux Gouverneurs de ces provinces. La nouvelle se répand en Europe que, devant le danger extérieur, les querelles des Nordistes et des Sudistes s'apaisent. La Chine est peut-être à la veille de connaître une unité qui, jusqu'ici, manquait à sa force.

Ainsi le Kaiser verra se dresser contre lui, pour la défense de la Civilisation et du Droit, cette Puissance Jaune qu'il s'était plu à dénoncer au Monde comme un péril.

D'autre part, les Alliés reconnaissent leur programme et leurs souhaits dans ces paroles que vient de prononcer le Ministre des Affaires Étrangères de France :

« — Comptons que le Japon en assumant, du « plein consentement des Alliés, une tâche de pré« servation et de salut, la remplira dans l'esprit de « décision, de fermeté, de loyauté, dont il a donné « d'autres preuves. Son heure est venue. »

FIN

TABLE DES MATIÈRES

PARIS. TYP. PLON-NOURRIT ET Cie, 8, RUE GARANCIÈRE. 22930.

A LA MÊME LIBRAIRIE

PARIS. — TYP. PLON-NOURRIT ET Cie, 8, RUE GARANCIÈRE. — 22930.

www.ingramcontent.com/pod-product-compliance
Ingram Content Group UK Ltd.
Pitfield, Milton Keynes, MK11 3LW, UK
UKHW020159250726
13967UKWH00003B/1160

9 782011 933973